Das Buch

Zehn Kurzkrimis, die das Thema Gewalt und Prävention aufgreifen, dienen als Grundlage, um mit Jugendlichen ins Gespräch zu kommen. Anhand von zwei authentischen Fällen wird der Bezug zur Praxis hergestellt. Die Autoren lesen regelmäßig an Schulen und ergänzen damit den Lehrplan.

Die Herausgeberinnen

Ethel Scheffler

Vorsitzende der gemeinnützigen Vereinigung FürWort Verein für Mitteldeutsche Literatur e.V., Autorin zahlreicher Kurzgeschichten, Regionalliteratur und authentischer Kriminalfälle

Sylke Tannhäuser

Stellvertretende Vorsitzende von FürWort, Autorin mehrerer Kriminalromane sowie Kurzgeschichten und Regionalliteratur, Schreibcoach

Hrsg. Ethel Scheffler, Sylke Tannhäuser

Beef

10 kriminelle Kurzgeschichten & 2 wahre Fälle

Impressum

1. Ungekürzte Taschenbuchausgabe
Copyright@2021 FürWort Verein für
Mitteldeutsche Literatur e.V., Leipzig
www.fuerwort.org
Herstellung und Verlag: BoD - Books on
Demand, Norderstedt
ISBN 978-3-7526-8367-7

Inhaltsverzeichnis

Wörterbuch für Grufties

Zu jeder Zeit hatten Jugendliche eine ganz besondere Sprache. Sie war und ist Ausdruck von Identität in einem Alter, in dem man zwar kein Kind mehr, aber auch noch nicht erwachsen ist. Eine Abgrenzung der eigenen Persönlichkeit zum Rest der Welt, sozusagen. Nachfolgend findet sich eine kleine Auswahl der letzten Jahre, aber Achtung: Was heute *in* ist, kann morgen schon *out* sein.

abfetzmäßig	sehr gut
ablaichen	Sex haben
abmatten	Ausruhen
Alpha Kevin	der Dümmste von allen
Asphalttätowierung	Schürfwunden nach einem Sturz
Babo	Anführer
barzen	Kiffen
Beef	Streit, Zank
Bestie	beste Freundin
Bitch	Mädchen
Bot	Nichtskönner
cheedo	cool
cringe	peinlich
Digga	Kumpel
dissen	ärgern, mobben

Eierkneifer	enge Unterhose
eingelasert	tätowiert
Facepost	Nachricht auf Facebook
Fleischdesigner	Chirurg
geht fit	geht klar
GHB	Gamma-Hydroxybuttersäure
Gruftie	älterer Mensch
Hartgas	starkes alkoholisches Getränk
Hartzer	Arbeitsloser
Hirnblähung	dumme Idee
Hopfensmoothie	Bier
Kieskneipe	Bank
Käpt´n Wasserstoff	Person mit blondierten Haaren
Krampfgeschwader	Ansammlung älterer Menschen
Labertasche	Handy
lan	krass
Landkreismatratze	Mädchen, das viele Jungs hat
lame	langweilig
Lauch	Trottel
Line ziehen	Kokain schnupfen
Lochfraß	Geschlechtskrankheit
looten	einkaufen
lost	ahnungslos, unsicher
Mietmaul	Rechtsanwalt
Null Bock	keine Lust
Nullchecker	dumme Personen
Omsel	alte Frau (Oma)
Pappmaul	trockner Mund
Pennerglück	billiges Bier vom Discounter
Pitcher	Spielposition im Baseball
poppen	Sex haben
ralle	betrunken

Rentner-Bravo	Apothekenrundschau
saugen	downloaden
Trachtengruppe	Polizei
telen	Telefonieren
unterirdisch	Niveaulos
Vokuhila	vorne kurz, hinten lang
Valium C	langweiliger Mensch
Webfehler haben	übergeschnappt sein
zucker	super, klasse

Uwe Schimunek

Tod in Tüten

Diese Viecher blöken, als wollten wir sie abschlachten.

Micha hat sich ein Schaf gegriffen und hält es mit seinen Pranken fest. Wenn der noch ein bisschen mehr drückt, hat er Wollbrei im Arm. Micha guckt an mir vorbei in die Nacht und schreit irgendwas.

Ich dreh mich um. Ach du Scheiße. Ein Riesenköter. Der rast auf mich zu, als hätte jemand auf Zeitraffer gestellt. Ich fasse den Baseballschläger fester. Das Vieh springt und ich hau zu wie'n Pitcher in 'ner amerikanischen Highschool-Serie. Die Töle fliegt zwei, drei Meter zu Seite. Kommt wieder hoch. Ich will noch mal zuhauen. Doch das Mistvieh ist schneller, hängt an meiner Lederjacke. Das Biest zerrt mich runter. Ich taumle. Kann mich halten. Dresche auf den Köter ein. Der hängt wie ein Sandsack an mir.

Fällt endlich runter. Ich dresche weiter. Weiter. Weiter…

Da bewegt sich nichts mehr. Ich gucke mir den Haufen Schäferhund an, zwischen Bauch und Nasenspitze ist nicht mehr viel zu erkennen. Das da steht nicht mehr auf.

Micha brüllt: »Weg hier! Oder willst du den noch begraben und 'ne Andacht halten?«

Will ich nicht. Ich renne zum Auto.

Micha keucht hinter mir. Das Schaf in seinen Schraubstockarmen gibt Würgelaute von sich. Ich reiße die Hecktür auf.

Micha versucht, das Schaf in den Rückraum unseres Kastenwagens zu wuchten. Die Beine hat er gefesselt. Das Vieh blökt und sträubt sich wie irre. Mann, wieso hat son laufendes Wolllager so viel Kraft?

Micha ist stärker.

Ich steige ein. Hinterm Gitter im Laderaum springt das Vieh rum wie ein Hengst in einem Western. Ich starte und frage: »Was will der Boss nur mit so nem blöden Schaf?«

»Was gehts uns an, was der Boss will?« Micha fläzt auf dem Beifahrersitz und glotzt, stöhnt.

»Ich will ja nur wissen, warum ich mir von einer Bestie meine Jacke zerfetzen lasse, Alter.«

»Weil du dafür Kohle kriegst.«

»Eben. Wieso bezahlt der zwei Mann, um ein Schaf zu kriegen?«

Micha guckt zum Fenster raus und brummelt: »Er

brauchts halt. Du kannst alles essen, aber nicht alles wissen.«

»So ein Unsinn. Ich kann nicht alles essen. Will ich auch gar nicht.«

»Dann mach deine Fresse zu, Schlauberger.«

Macht der sich wirklich keine Gedanken unter seiner Glatze, oder tut der nur so blöd?

Ich fahre die gottverlassene Landstraße Richtung Mügeln. Hier heißen die Nester Kroptewitz, Börtewitz oder Kleinpelsen. Die Namen klingen so nach Dorf, dass ich glaube, die Kuhscheiße zu riechen, wenn ich ein Straßenschild sehe. Die Uhr auf dem Armaturenbrett zeigt 21:44, noch gar nicht so spät - aber dunkel wie mitten in der Nacht.

Endlich sehe ich das große blaue Schild. Ich biege auf die Autobahn Richtung Leipzig und frage: »Wie hast du das richtige Schaf eigentlich gefunden? War ne Riesenherde.«

»Ohr«, mault Micha und zeigt mit dem Daumen über seine Schulter.

Ich drehe den Rückspiegel auf das Vieh aus, mach die Innenraum-Funzel an. Ein Blechstreifen steht vom Ohr ab wie ein plattgewalztes Horn.

»Da hat sich einer Mühe gegeben«, sage ich.

»Genug.«

»Da muss das Vieh ja einiges wert sein.«

»Wird schon was drin sein. Koks, Crack, H. Die Russkis nähen das in die Bäuche, und dann kommts per Viehtransport zu uns. Ganz neuer Trick, hab ich gehört. Und jetzt verdreh dir nicht das Gehirn, fahr.«

Der Kastenwagen wippt durch die Kurve. Ich lass das Lenkrad durch meine Finger gleiten, fahre keine 60, habs nicht eilig. Ich frage: »Wie lange machen wir den Scheiß schon, Micha?«

»Lange – denk über so nen Mist gar nicht erst nach, Junge.«

»Ein Kilo Koks bringt 25.000 Eier. Wie viele passen wohl in so ein Schaf?«

»Und wie gibst du die Kohle aus mit nem Loch im Bauch?«

»Wir können weg sein, bevor irgendwer was merkt. Insel, Palmen, sonnengebräunte Frauen, du weißt schon.«

»Ich will davon nichts hören. Fahr einfach.«

Also gut, ich trete aufs Gas, bis die Mittelstreifen zu einem weißen Strich werden.

Die Abfahrt Mutzschen saust vorbei. So ein Kastenwagen fährt sich fast wie ein richtiges Auto, hätt ich gar nicht gedacht.

»Fahr langsamer, du Penner!«

»Hier ist keine Geschwindigkeitsbegrenzung, Mann.«

»Aber so kann ich nicht denken.« Michas Stirn liegt in Falten.

Ich verkneife mir den Spruch über seine geistigen Fähigkeiten.

»Der Boss findet uns überall. Da müssten wir schon aus Europa raus.«

»Südamerika, Alter. Wo die Staatschefs Stroessner und Kirchner heißen, kommen wir auch klar.«

Jetzt arbeitet es in seiner Rübe. Im Armaturenlicht sieht er aus wie Frankenstein in einem Schwarz-Weiß-Film. Fast kommt es mir so vor, als könnte ich seinen mechanischen Denkapparat klappern hören.

Ich flüstere: »Südamerika …«

»Mann, halt die Klappe.«

Okay, dann eben nicht. Ich überhole einen Lkw. Der Motor surrt. Der Autohof bei Grimma saust auf der linken Seite vorbei. Das große gelbe M leuchtet im Rückspiegel.

Ich guck zu Micha, der zu mir.

»Ich muss mal pissen.«

»Mann, jetzt ist die Abfahrt gerade vorbei.«

»Fahr Naunhof runter. Dann links. In zwei Minuten kommt ne Tanke.«

»Mann, Micha. Ist es echt so dringend?«

»Wenn ich sag 'ich muss pissen', dann muss ich auch.«

»Okay, okay.«

Wir schweigen bis zur Abfahrt Naunhof. Ich lenke die Kiste auf die Landstraße. Links und rechts Wald, dunkel wie in einem Horrorfilm.

Da funkelt das Licht der Tanke. Tatsächlich noch jemand da. Ich parke an der Luftsäule.

Micha steigt aus, geht zum Nachtschalter. Mit schweren Schritten wie ein Cowboy zum Saloon. Aus dem Kragen seiner Armeejacke ragen die Spitzen eines Tattoos. Er bekommt den Schlüsselbund, kommt wieder zurück und biegt kurz vor dem Wagen zur Klotür ab.

Ich mach den CD-Player an. Micha kann meine Musik nicht ertragen. Aber jetzt ist er ja nicht da. Ein Gitarrenriff brettert aus den Boxen, Megadeth. Ich lehne mich zurück, so gut es der Sitz des Kastenwagens zulässt. Singe den Text mit, 'Swaying to the symphony of destruction'. Wo bleibt der Kerl nur? Ist doch kein Mädchen. Ich trommle mit Zeige- und Mittelfinger der rechten Hand den Beat mit. Was ist da los?

Ich steige aus, gehe zur Klotür. Der Schlüssel steckt außen. »Alles okay da drin?«

»Ich kann das nicht.« Die Stimme klingt nicht, als wurde sie diesem Kraftpaket in Militärklamotten gehören. »Mit dem Zeug abhaun ist echt ne andere Liga, als mal nen Zehner extra kassieren. Ich krieg das nicht hin.«

Ich guck auf die Tür. Der Schlüssel ist im Schloss. Die Versuchung. Eine Drehung. Rausziehen.

Im hohen Bogen fliegt der Bund ins Gebüsch.

Der Wagen rollt auf die Landstraße. Micha hat gar nicht rumgetobt. Hat der mir den Fluchtweg aufgemacht? Was solls. Zurück gehts jetzt nicht mehr.

Jetzt fallen mir andere Fragen ein. Nach Polen, Tschechien oder Österreich? Wo gibts mehr für Stoff, und wo finde ich schneller jemanden, der mir heißes Zeug abkauft? Bestimmt in Österreich. Die sprechen auch Deutsch, na zumindest so was ähnliches.

Und ich muss das Schaf ausnehmen. Am besten gleich. Ich geh vom Gas, sehe den Forstweg. Rolle vorbei und stoße rückwärts rein. Der Wagen rumpelt durch die Spurrinnen. Das Schaf hüpft, als würde es sein Ende ahnen. So, das muss reichen. Ich mach das Licht aus, lasse den Rückwärtsgang drin und den Schlüssel stecken. Ich gehe um den Wagen rum. Das Licht ist genau richtig. Hell genug, dass ich was sehen kann, ohne bis zur Straße zu leuchten.

Ich öffne die Hecktür. Ich zieh das Klappmesser aus der Jacke. Son Schaf ist kein Gegner, wie der Schäferhund vorhin. Ein Schnitt und da zuckt nichts mehr. Nur das Blut. Scheiße. Es spritzt wie in einem Tarantino-Film. Ich bin völlig eingesaut. Auch noch neue Klamotten kaufen, damit keiner Fragen stellt. Ich wuchte das Vieh auf den Boden und gucke mir den Bauch an. Tatsächlich. Hier ist ne Naht. Genau, wie Micha gesagt hat.

Ich schneide. Das Blut wabert in Wellen aus dem Bauch. Schwapp, schwapp. Am besten erstmal warten, bis das Vieh leergelaufen ist. Endlich hört es auf zu bluten. Ich packe das Schaf am Nacken und zerre es aus der Blutlache. Stochere mit dem Messer vorsichtig im Bauch rum. Das wird doch kein Bluff gewesen sein?

Geht doch! Ein Beutelchen, so groß wie ein aufgeblasenes Zwei-Euro-Stück. Noch eins und noch eins. Immer mehr.

Vorsichtig putze ich sie am Fell des Schafes ab. Lauter kleine weiße Päckchen.

Und ein schwarzes. Was ist das denn? Für mich und Micha steht drauf. Will mich da jemand verarschen?

Ich reiße es auf. Nehme einen kleinen Zettel raus: 'Jungs, das ist mein Schaf. Das kann ich euch nicht durchgehen lassen. Auch wenn mir das Herz blutet.'

Hä?

Ich gucke auf das Beutelchen. Drin blinkt eine Digitalanzeige:

3

2

1

...

Sylke Tannhäuser

Frau Lehrerin hat ein Problem

»Nicht trödeln, Kinder, bitte.« Nora Liebker ließ ihren Blick über die Köpfe schweifen. Stumm zählte sie. Neunzehn, zwanzig, einundzwanzig. Niemand fehlte, wenigstens das klappte an diesem verkorksten Montagvormittag.

Am Ende der Gruppe wartete Peter, Fabians Vater. Sie hatten sich in der Elternsprechstunde näher kennengelernt. Fabian störte den Unterricht, und sie als seine Klassenlehrerin hatte dafür zu sorgen, dass er sein Fehlverhalten abstellte. Die erste Maßnahme war gewöhnlich das Gespräch mit den Eltern. In Fabians Fall eben mit dem Vater, denn Peter war alleinerziehend.

Er sah verdammt scharf aus in seiner engen Jeans und dem türkisfarbenen Poloshirt, doch als sie ihn anlächelte, verzerrte sich plötzlich sein Gesicht, wurde faltig und blutig, und dann starrte sie die Fratze von Freddy Krüger aus den Nightmare-Filmen an. Verwirrt blinzelte sie, aber schon hatte sich Freddy aufgelöst und Peter sah wieder völlig normal aus.

Sie sollte endlich einen Augenarzt aufsuchen. In letzter Zeit hatten sich Probleme eingeschlichen. Mit ihrer Sehschärfe. Umrisse verschwammen, Dinge veränderten ihr Aussehen, und obwohl solche Aussetzer nie lange anhielten, war sie nun doch besorgt.

»Sie sind blass«, sagte Peter, als sie hinter dem letzten Kind in den Reisebus stieg, der sie von Schkeuditz ins Schullandheim nach Liebenwalde bringen sollte.

Blass? Was für ein Blödsinn. Unmöglich waren die Spuren der vergangenen Stunden zu erkennen. Bis zum Morgen hatte sie sich unruhig im Bett herumgewälzt, nur um schließlich doch aufzustehen und eine Line zu ziehen. Seit einem halben Jahr wiederholte sich das Prozedere jede Nacht, wieder und wieder.

Ihre Nase kribbelte. Nora zottelte ein Papiertuch aus ihrer Handtasche und nieste. Beim Zusammenfalten des Tuches gewahrte sie die Flecken.

Blut, eindeutig. Sie sollte ihre Ärzteliste um einen HNO-Spezialisten ergänzen. Wie es aussah, waren ihre Schleimhäute nicht in Ordnung.

Peter hatte neben ihr Platz genommen.

Was grinste der so? Und überhaupt – wieso saß der Typ neben ihr?

Der Bus fuhr los, und sie schaute aus dem Fenster. Mit Männern war das so eine Sache. Eigentlich konnten sie ihr gestohlen bleiben. Eine Ehe hatte sie schon hinter sich, mit Paul. Paul war Künstler gewesen, ein Maler, der glaubte, dass Van Gogh in ihm wiedergeboren war. Dummerweise war er nicht treu gewesen, und das hatte ihr lange zu schaffen gemacht. Nie hätte sie gedacht, dass sie auf einen Weiberhelden hereinfallen würde, aber je mehr sie kiffte, umso besser gelang es ihr, den Frust zu vergessen.

Es ging gut, bis Paul eine Schaffenskrise bekam. Von einem Tag auf den anderen hatte er seine Bilder vergessen und den lieben langen Tag damit verbracht, sich auszuruhen.

Ein auf dem Sofa lümmelnder Kerl im Unterhemd und mit einer Vorliebe für Unterschichtserien wie *Frauentausch* war nun wirklich nicht das, was sie vom Leben erwartete.

Paul musste erzogen werden. Damit kannte sie sich aus, sie war schließlich Lehrerin und als solche beschäftigte sie sich naturgemäß vor allem mit einem ganz besonderen Thema: mit Motivationssystemen zur Verhaltensverbesserung.

Leider hatten sich alle ihre Versuche als wirkungslos erwiesen, bei Paul hatte sie auf Granit gebissen.

Der Bus fuhr einen Schlenker, so dass sie schwankte und an Peter stieß. Sein Aftershave hüllte sie ein, es roch nach Moschus mit einem Hauch Vanille. Diesen Duft hatte auch Paul geliebt. Und Wodka. Besoffene

Kerle aber waren nun wirklich das Allerletzte. Fünf Monate, dann hatte sie einen Schlussstrich gezogen und in Pauls Knoblauchsoße eine gehörige Ladung GHB gemischt. Wie erwartet hatte das flüssige Ecstasy schnell zu seinem Atemstillstand geführt.

Paul sollte ihr dankbar sein, schließlich hatte sie ihn davor bewahrt, dass er wegen seiner Alkoholprobleme irgendwann zu einem Pflegefall wurde und in einem Heim landete.

Der Lärm im Bus riss sie aus ihren Gedanken. Fabian und seine Freunde vertrieben sich die Langeweile, indem sie fette Schnipsgummis auf die Mädchen abfeuerten. Einer der Gummis traf Lisa im Gesicht. Augenblicklich heulte die Kleine los. Mein Gott, was waren die Kids heutzutage empfindlich.

Nora steckte sich eine Pille in den Mund und würgte sie trocken herunter.

»Kopfschmerzen?«, fragte Peter.

Sie nickte flüchtig. Jetzt bloß kein Gespräch anfangen.

Peter stand auf und kämpfte sich durch den Bus, um die Gummis einzusammeln. Ihretwegen hätte er sich das sparen können. Je ausgepowerter die Kinder waren, umso eher hatte sie ihre Ruhe.

Der erste Tag der Klassenfahrt war immer der schlimmste. Für die Kids schienen Klassenfahrten und Wandertage die Höhepunkte des Schuljahres zu sein, neben Läusekontrollen, Stromausfall und Evakuierungen wegen Amokwarnungen natürlich. Am ersten Tag waren alle ein bisschen überdreht, und sie sehnte sich bereits jetzt nach dem Moment, in dem sie endlich ins Bett kriechen und den ganzen Mist vergessen konnte.

»Frau Liebker, wann sind wir endlich da?« Auf Lisas Gesicht war ein roter Striemen zu sehen. Dort, wo der Gummi sie getroffen hatte.

»Noch zehn Minuten.« Sie hob die Hand, um der Kleinen über den Kopf zu streichen, doch die hatte sich bereits umgedreht.

Der Bus holperte die ausgefahrene Dorfstraße entlang. Bei jedem Schlagloch hüpfte Nora wie ein Gummiball auf ihrem Sitz auf und nieder. Für sie waren Klassenfahrten alles andere als ein erholsamer First-Class-Urlaub. Wenn nur die verdammte Pille endlich wirken würde. Vorsorglich warf sie sich eine zweite ein.

Unvermittelt stoppte der Fahrer. Sie hatten ihr Ziel erreicht.

Das Schullandheim entpuppte sich als ein Bau aus der Gründerzeit, der früher ein Hotel gewesen war. Die Fassade war rosa getüncht und erinnerte an ein Barbiehaus.

Nora schaute sich nach den Kindern um. »Steigt alle aus, langsam bitte.«

Niemand schien sie verstanden zu haben. Grölend sprangen die Kids aus dem Bus und stürmten ins Haus.

»Ich kümmere mich um Ihr Gepäck«, sagte Peter.

Wovon redete er nur?

»Frau Liebker, ist Ihnen nicht gut?«

Sie wischte sich über die Augen.

Peter guckte, als wäre sie vom Mond oder so. »Kann ich Ihnen helfen?«, fragte er.

»Gern.« Sie sprang auf, doch alles schien sich um sie zu drehen, und schnell ließ sie sich wieder auf den Sitz fallen. »Gehen Sie vor, ich komme gleich.«

Während Peter verschwand, grub sie ihre Zähne in die Unterlippe. Was zum Teufel war mit ihr los?

Draußen hörte sie ihn mit dem Busfahrer sprechen. Seine Stimme war dunkel und kraftvoll, wie es die von Paul gewesen war.

Paul, Peter – sie schien eine Affinität zu Männern zu haben, deren Vornamen mit P beginnen. P wie Papa. Für jede Macke gab es einen psychologisch erklärbaren Komplex. Unwillig schüttelte sie den Kopf. *Sie war nicht verrückt, sie doch nicht.*

Beim Abendessen brachte sie keinen einzigen Bissen herunter. In ihrem Hals kratzte es, als hätte sich ein Nadelkissen darin versteckt. Auch das Schlucken war eine einzige Quälerei. Anscheinend hatte sie sich eine Erkältung eingefangen.

»Am besten, Sie schlafen sich erst einmal aus«, meinte Peter. Irgendwie schien er Mitleid mit ihr zu haben.

Sie fühlte die Blicke der Kinder auf sich ruhen und streckte das Kinn nach vorn. »Aber nur heute, morgen bin ich wieder auf dem Damm.« Mühsam zwang sie sich ein dünnes Lächeln ins Gesicht.

»Ich bringe Sie auf Ihr Zimmer.«

Das fehlte noch. »Das schaffe ich allein.«

»Nichts da, ich helfe Ihnen. Keine Widerrede.«

An der Seite des Mannes verließ sie den Speiseraum und lief den mit einem dunkelroten Läufer bespannten Gang entlang. Vor Zimmer Nummer 13 blieb sie stehen, um sich bei Peter zu bedanken. Erschrocken zuckte sie zusammen.

Nicht Peter, sondern Paul stand neben ihr. Und dann spitze er auch noch seinen Mund. Wollte der Vollpfosten sie etwa küssen?

Unvermittelt teilten sich seine Lippen und gaben den Blick auf eine Reihe spitz gefeilter Zähne frei, hinter denen eine gespaltene Zunge zuckte wie ein Lämmerschwanz. Er beugte sich zu ihr. Näher und näher.

Nora fuhr zurück. Sie wollte schreien, brachte aber nur ein Krächzen zustande. Abwehrend hob sie die Hände. Dann wurde es schwarz um sie herum.

»Frau Liebker, hallo, Frau Liebker, hören Sie mich?«

Jemand schüttelte sie. Sie wollte protestieren, wollte sagen: Lasst mich in Ruhe! Doch kein Ton kam aus ihrem Mund. Unter ihrem Rücken fühlte sie eine harte Fläche, mit der rechten Hand ertastete sie textilen Belag. Anscheinend lag sie im Korridor. Mühsam öffnete sie die Augen. Es dauerte eine Weile, ehe sie sich orientiert hatte und Peter erkannte. Er kniete auf dem Boden und durchwühlte den Inhalt ihrer Tasche, der vor ihm ausgebreitet war.

Ein Zittern lief über ihren Körper. Das durfte ja wohl nicht wahr sein. »Was machen Sie da?«

Peter schaute flüchtig auf. »Sie sind umgekippt, aber Sie waren nicht völlig weggetreten, sondern haben vor sich hin gestammelt. Irgendetwas von einem Paul und Tod oder so, und dann haben Sie nach Pillen verlangt.«

»Geben Sie her.« Nora streckte den Arm aus. Er war schwer wie Blei. Ein Fremdkörper an ihrem Leib.

Peter nahm eines der Päckchen, die vor ihm lagen. »Meinen Sie das? Wissen Sie, womit ich mein Geld verdiene?«

Verdammt, was sollte das werden? Ein Quiz?

»Ich bin Polizist, Drogenfahnder, Frau Liebker., und Ecstasy – egal in welcher Form - erkenne ich sofort.« Er legte das Päckchen zu den anderen auf den Boden.

»Bitte ...« Das Kratzen in ihrer Kehle hinderte sie am Weiterreden. Sie versuchte, in Peters Miene zu lesen, doch die war ausdruckslos, als würde der Mann sie nicht kennen. Nie im Leben würde er sich darauf einlassen, ihr ein paar der Pillen zu geben.

Der Klang eines Martinshorns näherte sich, und auf einmal war sie unendlich müde.

Wolfgang Schüler

Ein schwarzer Tag

Schon beim Aufstehen hatte ich das komische Gefühl, dass dieser Tag nicht zu einem ausgesprochenen Glückstag für mich werden würde. Es lag kein besonderer Grund für diese Annahme vor, es war mehr eine Ahnung.

Als erstes hatte ich maßlos verpennt. Nun konnte ich den Job, für den ich mich vorstellen sollte, in den Wind schreiben. Ohnehin wäre das nichts für mich gewesen, für andere Leute den Alpha-Kevin zu machen. Ich war für größere Aufgaben bestimmt. Irgendwann würde ich meine eigene Werbeagentur gründen oder als Influencer massig Kohle verdienen.

Vorerst streifte ich meine Eierkneifer sowie das T-Shirt ab und stellte mich unter die Dusche. Natürlich lief nur kaltes Wasser, doch das soll ja ungemein gesund sein. Ich zog saubere Chinos an, schlüpfte in ein Big-Logo-Hoody und vervollständigte das hochmodische Ensemble mit den sauteuren Sneaker High Performance Revolution 7, für die ich 18 Stunden lang vor dem Air-Zoom-Shop angestanden hatte. Im Spiegel sah ich aus wie eine Mischung aus Aaron Carter und Justin Bieber. Zum Verlieben.

Beim Frühstück ging's richtig los. Der Kaffee war alle, der letzte Kanten Brot angeschimmelt, der Kühlschrank bis auf ein paar Eiswürfel leer. Mir blieb nichts weiter übrig, als einen von diesen grässlichen Kräuterbeuteln aufzubrühen. Dazu verspeiste ich Kekse von der Sorte, die wie Asche schmeckt.

Den Weg zum Looten im Supermarkt konnte ich mir sparen. Was aber macht ein Hartzer, wenn ihm das Bargeld knapp wird? Richtig, er geht zur nächsten Kieskneipe, wo noch mit echtem Bargeld gehandelt wird. Ich wählte eine große 30-Cent-Reklametüte, weil da mindestens 50.000 Euronen auf einmal hineinpassen.

Der Himmel präsentierte sich in reinstem Blau, die Luft schmeckte frisch und klirrte fast vor Frost. Es war früher Nachmittag, die ideale Zeit für einen Bankbesuch, wie ich meinte. Der Morgenandrang ist weg, die Mittagspausenkunden auch, der nächste Ansturm steht noch aus, und außer einem Krampfgeschwader drückt sich niemand in der Schalterhalle rum.

So war es tatsächlich. Allerdings wussten das auch die Angestellten. Nur ein einziger Schalter für Auszahlungen präsentierte nicht das Schild ,Geschlossen'.

Ich reihte mich in die Schlange ein.

Vor mir standen ein fetter, schwitzender Käpt'n Wasserstoff, eine Bitch mit strähnigem Haar, ein gummikauender Lauch, eine die Rentner-Bravo lesende Omsel und ein graumelierter Sack vom Typ Mietmaul. Es gab nichts Aufregendes zu sehen. Der Graumelierte diskutierte angeregt mit dem Bankbeamten, das konnte länger dauern.

Ich holte die Labertasche aus der Jacke und las noch einmal die Facepost von Mandy. Die blöde Landkreismatratze wollte Geld von mir.

Da passierte es.

Zwei Gestalten in blauen Overalls, mit Strümpfen über den Gesichtern und Maschinenpistolen in den Händen, sprangen zur Tür herein. Tak-Tak-Tak. Putz flog in der Gegend umher, und Scheiben zerklirrten.

»Das ist ein Überfall, keiner bewegt sich!«, schrie der eine und feuerte eine weitere Salve über unsere Köpfe.

Es gab überhaupt keinen Grund für die Ballerei, bis jetzt jedenfalls nicht.

Irgendwann kam mir der Gedanke, dass es besser für mich sein könnte, mich fallen zulassen. Ich war der letzte. Die anderen mussten schon mehrere Überfälle mitgemacht haben, sie lagen bereits. Bis auf den Kassierer. Der grinste. Irgendwann will wohl jeder ein Held sein, und er sah seine Chance.

Resultat: Eine Glocke schrillte laut, das Gitter vor der Eingangstür knallte auf den Beton, und der Kassierer beugte sich vor, um besser das Loch in seiner Schulter betrachten zu können.

Ich meine, diese scheiß Kieskneipen haben sich bei ihrer Empfehlung, während eines Raubüberfalls die

Täter in keiner Weise zu provozieren, schon etwas gedacht. Wenn das Geld weg ist, bekommen sie es von der Versicherung wieder. Ein Ersatzkassierer aber muss eingearbeitet werden, und Einschusslöcher im Mobiliar verschrecken die Kundschaft.

Die beiden Nullchecker sahen sich etwas ratlos um. In ihrem tollen Plan hatten wohl der Schaltermann, das geschlossene Gitter und die entnervende Bimmel keine große Rolle gespielt.

Vor der Tür raste mit quietschenden Reifen ein Auto los. Das machte sie noch verzweifelter, denn in dieser Gegend sind Taxis immer schwer zu kriegen.

»Aufstehen! Hände an die Wand!«, belferte der Schützenkönig.

Wie die Blitze huschten wir hinüber, ich vergaß sogar meine Tüte.

Die Räuber beratschlagten. Irgendwie wollten sie ihre Pfuscharbeit zu Ende bringen. Der eine fuchtelte drohend mit der Maschinenpistole, der andere sprang über die Trennwand und stopfte Zaster in einen Beutel.

Wiuh-wiuh-wiuh, machten Sirenen aus allen Richtungen. Viele Füße trappelten hin und her. Dann wurde es still. Schlagartig endete das Gespräch.

»Hier spricht die Polizei«, krächzte es unvermittelt überlaut von draußen. »Widerstand ist zwecklos, das Gebäude ist umstellt. Kommt mit erhobenen Händen heraus!«

Das Gitter war noch immer unten. Irgendwann ging das den Schlauköpfen auf der Straße auf, und jemand leierte das Gitter langsam hoch. Der eine Verbrecher winkte dem Gummijungen zu. »Du gehst und überbringst unser Ultimatum.« Dann ließ er den üblichen Quatsch von einem Fluchtauto los.

Der Lauch trollte sich. Auf der Straße wurde verhalten gekichert.

Plötzlich war die Hölle los.

Scheiben zersprangen, in der Schalterhalle explodierten Tränengas- und Rauchbomben.

Alle schrien wild durcheinander.

Der Boden begann zu schwanken, und viel sah ich sowieso nicht mehr.

Ich erwachte in einem blütenweißen Krankenhausbett. Ich fühlte mich so fit wie Deontay Wilder nach einem Boxkampf mit Tyson Fury. Nur bekam ich nichts von der Börse ab. Mein Kopf bestand aus zwei Hälften. Die eine schmerzte stark, die andere unerträglich. Auf dem Stuhl an meinem Bett saß ein Bulle vom Typ Kevin James und machte ein ernstes Gesicht.

»Hör mal, Bübchen«, sagte er. »Du musst heute einen schwarzen Tag haben. In einer Plastik-Tüte fanden wir eine Gaspistole und ein Schildchen mit der Aufschrift: *Das ist ein Überfall. Her mit der Kohle!* Das ist doch deine Tüte, oder?«

Ich bekam ein Pappmaul und schüttelte im Zeitlupentempo den Kopf, obwohl »Doom« von Rammstein ein Schlagzeugsolo unter meiner Schädeldecke explodieren ließ.

»Nun, dann haben die beiden Knalltüten in der Bank bloß versucht, dir was unterzujubeln. Dachte ich mir gleich, als ich dich sah«, meinte Kevin James im Gehen.

Andreas Schieck

Verschwunden

Langsam ließ sich Silke Wolter auf einem abgewetzten Stuhl nieder. Ihre Umwelt schien sie nicht wahrzunehmen. Nichts drang an sie heran. Ihr Blick ging ins Leere und offenbarte gleichermaßen Hilflosigkeit und Panik. Ihre Bewegungen glichen eher einer mechanischen Einrichtung mit chaotischer Programmierung, denn menschlichen Abläufen. Dieser Zustand hatte sich in den letzten Stunden immer weiter gesteigert, bis hin zu einer Umklammerung, die einer Ohnmacht glich. Warum sie sich dennoch bewegen konnte, musste andere Ursachen haben.

Guntram Wolter setzte sich ebenso, sprang jedoch wieder auf und starrte auf die billige Uhr gegenüber dem Fenster. Der Sekundenzeiger klackte unnachgiebig und war momentan das Einzige, was mit rasanter Geschwindigkeit vorantrieb. Wolter war nahe dran, die Uhr von der Wand zu reißen und sie auf dem Fußboden zu zerschlagen. Er wusste genau, er würde nichts ändern, wenn er unentwegt im Raum auf- und abging, aber ruhig sitzen bleiben ging auch nicht. Schließlich besann er sich, holte tief Luft und zwang sich mit einem schwer zu bändigendem Gefühl von irrsinniger Raserei mit kaum überzeugend gespielter Ruhe auf einen Stuhl neben seine Frau. Vorsichtig legte er seine Hand auf ihre. Das schmutziggelbe Licht der Neonleuchte an der Decke mischte sich mit dem einfallenden fahlen rötlichen Licht der Straßenlaternen. Sie hätten nicht sagen können, wie lange sie bereits hier gesessen hatten, als die Tür unter der Uhr aufsprang.

»Guten Abend. Mein Name ist Maik Dahrenberg, ermittelnder Kommissar«, polterte ein Polizist herein. Er setzte sich den Wolters gegenüber und blätterte dabei in einer Akte. »Ihre elfjährige Tochter ist also verschwunden. Selbstverständlich setzen wir alles daran, sie zu finden. Das ist keine Frage. Doch zunächst müssen wir die üblichen Formalitäten erledigen. Sie verstehen? Würden Sie bitte ebenfalls Platz nehmen?«

Dahrenberg sah kurz zu Silke Wolter, die ihn offenbar nicht wahrgenommen hatte.

»Ich brauche zunächst einmal Ihre Namen, die Adresse und wie Sie im Augenblick die Umstände sehen«, fuhr er in ruhigem Ton fort. Er ließ sich die Ausweise zeigen und notierte etwas.

»Seit wann ist Ihre Tochter weg?«, fragte er, ohne von den Akten aufzusehen.

Guntram Wolter sprang auf und gestikulierte: »So genau können wir das nicht sagen. Gegen zwölf hatte sie heute Schulschluss. Sie muss auch mit dem Bus nach Hause gekommen sein. Ihre Schultasche ist da. Aber dann…

Wir haben überall angerufen, Freundinnen, Bekannte, sogar die Krankenhäuser. Nichts. Sie ist noch nie weggeblieben, und es gab auch keine Probleme bei uns. Es ist alles völlig widersinnig. Und dann bin ich mit meiner Frau hierher. Man hört ja die fürchterlichsten Sachen.«

Silke sah kurz auf, ließ den Blick jedoch gleich wieder sinken.

»Wann haben sie ihr Verschwinden bemerkt?«, hakte Dahrenberg nach.

Guntram Wolter hob die Schultern. »Sie geht immer allein nach Hause. Wir beide waren auf Arbeit. Es hat noch nie Probleme gegeben. Wenn sie irgendwo anders hingeht, ruft sie vorher an, oder wenigstens spätestens von dort. Wir wissen eigentlich immer, wo sie ist. Das ist noch nicht vorgekommen, dass sie einfach weggeblieben ist. Ich, ich…wir wissen nicht mehr weiter.«

»Herr Wolter, hatte Ihre Tochter möglicherweise Verbindungen, von denen Sie nichts wussten? Internet, zum Beispiel, oder auch außerhalb ihres sonst üblichen Bekanntenkreises.«

»Das glauben wir nicht«, antwortete Guntram sofort, »obwohl sie manchmal Post von einem Jungen bekam. Aber ich denke nicht, dass er viel älter ist als sie. Es kann ja nun wirklich nichts passieren, wenn man sich mal schreibt. Oder glauben Sie…«

»Ich glaube im Augenblick noch gar nichts. Die meisten Fälle lösen sich von allein. Woher wissen Sie, dass er fast gleichaltrig ist?« Dahrenberg war aufmerksam geworden.

»Na, das sieht man doch. Wie er schreibt, was er schreibt. Wissen Sie, ich habe viel mit Leuten zu tun. Da kann man das einigermaßen einschätzen.« Guntram Wolter zögerte: »Wollen Sie damit sagen, dass sich da möglicherweise einer verstellt hat, vorgetäuscht hat, in ihrem Alter zu sein?«

»Schwer zu sagen im Moment, Herr Wolter, wirklich. Kennen Sie die Familie Tries?«

Guntram sah seine Frau an, die den Kopf schüttelte, und hob dann selbst die Schultern: »Nein, noch nie gehört.«

»Kommen Sie bitte mit.« Dahrenberg zog einen Schlüssel hervor und öffnete die Tür, durch die er gekommen war. Sie gingen in einen Raum, in dem ein weiteres Ehepaar saß und auf die Fragen der Frau hinter dem Schreibtisch antworteten.

»Kennen Sie sich?«, wollte Dahrenberg wissen. Abwechselnd sah er die Tries' und die Wolters an.

Alle vier schüttelten die Köpfe.

»Das ist übrigens Susanne Ehlert, gleichzeitig auch unsere Psychologin, und das ist das Ehepaar Tries, die ihren Sohn vermissen«, erklärte Dahrenberg den Wolters.

»Haben Sie vielleicht einmal im Internetpostfach nachgesehen, bevor Sie hierherkamen?«, fragte Ehlert.

»Nein«, antwortete Silke Wolter, die sich wieder etwas gefangen hatte, leise und kaum hörbar. »Das heißt nicht, dass wir da nicht ab und an mal nachsehen, mit wem sie sich so schreibt und vor allem was. Meistens waren es immer nur Bilder von irgendwelchen Tieren. Da ist sie wohl etwas vernarrt. Aber sonst…«

»Ja, Tiere«, stieß Thomas Tries hervor. »Dafür scheint sich unser Junge ja auch zu interessieren.«

»Sie haben auch nicht ins Postfach gesehen, bevor Sie hierherkamen, oder?«, wandte sich Ehlert an die Tries'.

»Nein, daran haben wir gar nicht gedacht«, antwortete Thomas Tries und schüttelte dabei heftig den Kopf.

Dahrenberg machte eine entschlossene Bewegung und sagte zu Ehlert: »Ich würde vorschlagen, du fährst mit den Eltern von Magdalena Wolter zu ihrer Wohnung, während ich zur Wohnung der Eltern von Paul fahre. Vielleicht löst sich alles schnell auf. Nimm dir einen Computerfritzen mit. Den anderen beanspruche ich, wenn er da ist. Ich melde mich dann bei dir.«

Kaum hatte Dahrenberg mit den Tries deren Wohnung betreten, klingelte das Telefon.

»Ja?«, meldete sich Thomas Tries, lauschte kurz hinein und reichte Dahrenberg den Hörer weiter. »Das ist Ihre Kollegin.«

»Susanne?«, rief Dahrenberg in den Hörer.

»Du Maik, hier ist eine merkwürdige Mail. *,Komm heute um 15:00 Uhr zum Jagdglück, damit wir uns die Tiere ansehen können, die du so gerne magst. Verrate aber nichts zu hause, sonst darfst du bestimmt nicht gehen. Zieh dir was warmes an. Bis gleich.'* Der Absender heißt cervus.elaphus@ und dann so ein Anbieter, wo sich jeder eine Adresse besorgen kann. Zu Hause ist zwar falsch geschrieben und warmes wird in dem Fall auch großgeschrieben, aber ansonsten kann ich im Moment nicht viel herauslesen, außer dass es sehr einfach verfasst ist.«

»Hm, ich kämpfe noch, bleib mal dran. – Wie geht das hier am PC weiter?«, wollte Dahrenberg von Thomas Tries wissen.

»Hier müssen Sie das Passwort eingeben. Ich hatte es mir für alle Fälle notiert.« Thomas Tries reichte ihm einen Zettel.

Dahrenberg loggte sich in Pauls E-Mail-Postfach ein.

»Susanne, wie heißt der Absender nochmal? … Cervus.elaphus? … Moment mal, der hat auch Paul eine Mail geschickt. Und der Text, der ist der gleiche.«

»Frau Wolter hat übrigens festgestellt, dass der dicke Anorak ihrer Tochter weg ist«, sagte Susanne.

»Ok, wir sehen gleich mal nach, wie es hier damit steht. Vielleicht gibt es Parallelen. Dieses *Jagdglück* – wie könnten die Kinder dorthin gekommen sein?«, wollte Maik Dahrenberg wissen.

»Das ist eine Gaststätte, davor befindet sich eine Bushaltestelle.«

»Möglicherweise hat ein Busfahrer zur fraglichen Zeit etwas gesehen. Kannst du mal versuchen, den ausfindig zu machen?«

»Habe ich schon veranlasst. Bis gleich.« Susanne Ehlert legte auf.

»Frau Tries, sehen Sie doch bitte mal nach, ob alle Kleidungsstücke von Paul da sind«, bat Dahrenberg.

Nach einer schnellen Prüfung kam Petra Tries zurück. »Paulchens dunkelgrüner Anorak ist fort.«

»Kennen Sie einen Absender mit dem Namen cervus elaphus?«, fragte Dahrenberg.

Die Tries' verneinten.

»Im Augenblick läuft alles. Ich schlage vor, wir fahren zum Revier und erledigen den Papierkram.«

Schweigend fuhren sie zurück.

Die Wolters waren kurz vor ihnen eingetroffen. Man hatte die beiden Paare in einen Raum geführt, wo sie von einer Beamtin betreut wurden.

Das Telefon klingelte. Wieder einmal.

»Ja bitte, Dahrenberg«, meldete sich der Kommissar.

»Hallo Maik, Seroff hier. Es ist uns inzwischen gelungen, den Busfahrer aufzutreiben.«

»Na endlich. Dazu braucht ihr geschlagene zwei Stunden?«, fauchte Dahrenberg.

»Tut uns leid, aber der Mensch hat morgen frei und da hat er sich eben mal eine Kneippkur genehmigt.«

»Kneipenkur, meinst du wohl. Weiter«, forderte Dahrenberg.

»Trotz der drei Streifenwagen können wir von

Glück reden, dass wir ihn überhaupt gefunden haben«, verteidigte sich Seroff.

»Weiß er wenigstens was?«

»Ja, er hat zumindest den Jungen gesehen. Zunächst dachte er, dass er in die Kneipe wollte, aber er ist weitergelaufen. Etwa zweihundert Meter weiter stand ein grauer Opel mit fremdem Kennzeichen auf einem Waldweg. Leider hat er sich das Kennzeichen nicht gemerkt. Ach ja, später fiel ihm noch ein, dass heute Ruhetag im *Jagdglück* ist.«

»Was ist mit dem Mädchen?«

»Kein Mädchen. Nur der Junge.«

»Danke.« Dahrenberg ließ den Hörer auf die Gabel sinken und tippte Ehlerts Nummer: »Kannst du mal kommen?«

Wenig später stand Susanne Ehlert in der Tür und sah ihn erwartungsvoll an.

»Susanne, wir müssen schnellstens alles zusammentrommeln, was wir auftreiben können. Für meine Begriffe sieht die Sache nicht sehr gut aus, aber ich will nicht orakeln.« Er erklärte ihr, was er eben erfahren hatte.

Ehlert sah auf die Uhr. »Kurz vor Mitternacht. Wenn wir Glück haben, sind wir in einer dreiviertel Stunde alle da.«

»Ich sorge dafür, dass die Stelle, an der der Pkw stand, gesichert wird, obwohl ich nicht überzeugt bin, noch Brauchbares zu finden.

Am besten, ihr geht von der Bushaltestelle los«, sagte Dahrenberg.

»Und in welche Richtung?«, wollte Susanne wissen.

»Unbegrenzt viele Leute haben wir nicht, also schlage ich vor, ihr kämmt als erstes die Seite durch, wo der Opel stand.«

»Würde ich auch so sehen. Ich rücke dann mit der Hauptstreitmacht an. Mal sehen, was wir um diese Zeit zur Verfügung haben.«

Dahrenberg und die Leute vom Erkennungsdienst waren die Ersten vor Ort. Seit er Ehlert verständigt hatte, war eine knappe Stunde vergangen, und noch immer waren sie und die anderen Kollegen nicht zu sehen. Die Reifenspuren waren längst genommen. Auch sonst waren alle Arbeiten der Spurensicherung abgeschlossen. Endlich tauchten in der Ferne die Scheinwerfer mehrerer Fahrzeuge auf.

»Wo bleibt ihr denn?«, schnaufte Dahrenberg, als Ehlert aus dem vorderen Fahrzeug sprang.

»Was soll ich denn machen, wenn die alle dafür eingesetzt werden, dass durchgeknallte Fußballrowdys nicht allzu sehr Oberwasser gewinnen«, gab Ehlert gereizt zurück.

Dahrenberg winkte ab. »Habt ihr die Hunde mit?«

»Es waren nur zwei verfügbar. Such dir einen aus. Was dagegen, wenn ich dort am Waldweg anfange?«

Susanne Ehlert lief neben dem Hundeführer her, der von seinem Hund den Waldweg entlang gezogen wurde. Sie stolperten auf dem vor ihnen liegenden Weg voran. Ihre Taschenlampen waren bei dem Tempo kaum zu gebrauchen. Dabei wurde Ehlert unmissverständlich auf ihren Trainingszustand hingewiesen. Nur mit Mühe konnte sie dem Hund samt Hundeführer folgen. Sie würde wieder etwas mehr für ihre Fitness tun müssen. Jedenfalls nahm sie sich das vor, auch wenn sie die Realität nur zu genau kannte.

Der Hund bog vom Weg ab und lief quer über eine Wiese. Das Mondlicht gab ausreichend Sicht, so dass sie jetzt dem Hund an der langen Leine ganz gut folgen konnten. Der nächtliche Tau durchnässte ihre Schuhe und Hosenbeine. In einiger Entfernung nahmen sie einen Hochstand wahr, auf den sie geradewegs zuliefen. Genau davor blieb der Hund stehen und bellte.

Susanne Ehlert entsicherte ihre Waffe und stieg langsam die Leiter hoch. Mit einem Ruck stieß sie die Tür auf und schrie: »Keine Bewegung!«

Im diffusen Licht nahm sie zwei Kinder wahr, die sich aneinanderklammerten. »Ist sonst noch jemand da?«

Die beiden schüttelten verängstigt die Köpfe.

Sie waren tatsächlich allein, wie Ehlert nach einem kurzen Rundumblick feststellte.

Sie steckte ihre Waffe weg und rief nach unten: »Kannst den anderen Bescheid geben, die beiden sind gefunden und wohlauf. Und schickt uns ein Auto her.«

Der Hundeführer nickte, dann gab er den Befehl umgehend über Funk weiter.

»So, und nun mal zu euch beiden«, sagte Susanne Ehlert zu den Kindern. »Ich hoffe, ich habe euch nicht zu sehr erschreckt. Aber…«

»Sie haben bestimmt gedacht, wir sind entführt worden«, entgegnete Magdalena.

»Und als wir die vielen blauen Lichter gesehen haben, dachten wir uns schon, dass uns die Polizei sucht«, ergänzte Paulchen.

»Ihr scheint mir ja zwei ganz Ausgeschlafene zu sein.«

Beide gähnten um die Wette.

»Was treibt ihr hier eigentlich, und wie seid ihr hierhergekommen?«

»Na, mit der Mutti von meiner Freundin«, antwortete Magdalena. »Die fährt doch immer dort lang auf Arbeit, und da habe ich gefragt, ob sie mich bis zum *Jagdglück* mitnimmt. Dann habe ich mich im Bushäuschen versteckt und auf Paul gewartet. Werden wir jetzt verhaftet?«

»Nein, natürlich nicht. Aber ihr müsst mir schon verraten, was ihr mitten in der Nacht und mitten im Wald wollt«, wiederholte Ehlert.

»Jetzt haben Sie sie alle vertrieben«, grummelte Paul und sah zu Ehlert: »Sie sind von der Polizei? Sie sehen gar nicht so aus.«

»Ja, ich bin von der Polizei, ich heiße Susanne Ehlert und suche zusammen mit anderen nach euch Ausreißern. Also, ihr seid von der Bushaltestelle bis hierhergelaufen.«

Beide nickten.

»Was macht ihr hier, und wen haben wir vertrieben?«

»Die Tiere. Dort waren vorhin ein paar Wildschweine, und ganz da oben sind Rehe gewesen. Und einen Hirsch haben wir auch röhren gehört. Wissen Sie nicht, dass heute Büchsenlicht ist?«, fragte Paulchen bedeutungsvoll.

»Was ist Büchsenlicht?«

»Das ist ja mal wieder typisch für Erwachsene«, echauffierte sich Magdalena. »Der Mond ist so hell, dass der Jäger auf Jagd noch genug sehen kann«, erklärte sie dann, als hätte sie noch nie etwas Anderes in ihrem jungen Leben gemacht. Ihre angewinkelten Arme und die offenen, nach vorn weisenden Handflächen zeigten deutlich, was sie vom Wissen der Polizistin hielt. »Und wir wollten eben gucken, was nachts hier so los ist.«

»Und da haben sie uns noch in der Schule erklärt, dass die Polizei alles weiß und immer alles rausbekommt. Kannste vergessen«, meinte Paulchen und grinste, als hätte er einen besonders guten Witz gerissen.

»Über das Rausbekommen müssen wir noch mal reden. Sagt mal, eure Eltern wissen natürlich nichts davon, dass ihr im Wald herumstreift, oder?«, fragte Ehlert beiläufig.

»Ach die, die haben es doch immer nur mit Fernehen, Auto oder Computer«, winkte Magdalena ab.

»Die sind ohnehin meistens auf Arbeit«, fügte Paulchen hinzu. »Kannste vergessen.«

»Gehen die nie mit euch weg?«, hakte Ehlert nach.

»Wenn sie schon mal weggehen, dann reden sie mit ihren komischen Freunden immer von den gleichen langweiligen Sachen wie diesem Gedöse über Fußball. Kannste vergessen«, sagte Paulchen gedehnt und klatschte sich dabei mit der flachen Hand an die Stirn. »Sie sagen immer, dass es im Wald viel zu langweilig ist.«

»Und das stimmt überhaupt nicht«, übernahm Magdalena protestierend das Wort. »Pst, leise.« Sie legte den Finger auf den Mund. »Hört ihr«, flüsterte sie kaum hörbar. »Der Hirsch.«

Gespannt starrten alle drei ins fahle Mondlicht. Ein Motorengeräusch näherte sich.

»So, ihr beiden. Jetzt geht's nach Hause. Eure Eltern haben sich nämlich mächtig Sorgen gemacht. Aber vorher will ich noch was wissen.« Susanne Ehlert zog einen Zettel aus ihrer Jacke. »Wer ist eigentlich cervus elaphus?«

Paul kicherte. »Das ist unsere gemeinsame Adresse, die wir beide benutzen. Dort schreiben wir Mails rein und müssen sie nicht wegschicken. Hinterlässt nämlich keine Spuren.« Ein bedeutungsvolles Nicken folgte.

»Und was heißt cervus ...«, wollte Ehlert ihre Frage erneuern.

»Ganz einfach«, fiel ihr Magdalena ins Wort. »Cervus elaphus heißt nichts anderes als Rothirsch. Nur lateinisch eben.« Dabei hob sie die Schultern, als wäre es das Normalste der Welt, dass Halbwüchsige mit lateinischen Begriffen um sich warfen. »Sind unsere Eltern sehr böse?«

»Na mal sehen, wie wir das hinkriegen.« Susanne Ehlert lächelte in das fahle Mondlicht hinaus. Sie musste zugeben, dieses nächtliche Lichtspiel war nicht ohne einen gewissen romantischen Reiz.

»Also«, brachte Paulchen zögernd hervor, »können Sie nicht unsere Eltern überreden, dass die mit uns hier rausgehen? Sie sind doch von der Polizei.«

»Das wäre echt toll«, meldete sich Magdalena zu Wort. »Die Polizei hat doch bestimmt viel wichtigere Sachen zu tun als nach Kindern zu suchen, für die ihre Eltern keine Zeit haben.«

Ethel Scheffler

Oma schlägt zurück

Ich lugte hinter der Küchengardine hervor. Lukas stapfte mit schlaksigen Schritten durch meinen Vorgarten. *Mein Gott, ist der Junge in den letzten Monaten gewachsen!* Die Schultasche hing über der rechten Schulter und ständig blickte er auf den Boden. Nur als er ohne Eile das Gartentor schloss und die Libellenstraße überquerte, sah ich ihn kurz aufblicken. Wehmütig schaute ich ihm nach. In den letzten Tagen hatte er nach der Schule kaum noch etwas unternommen und sich nach dem Mittagessen immer wortkarg in seine Dachkammer zurückgezogen. Wo war es hin, sein quirliges Naturell?

Ich freute mich stets, wenn er während der Dienstreisen meiner Tochter Margit bei mir wohnte und nach dem Unterricht übersprudelnd voller Neuigkeiten aus der Schule kam. Jetzt hingegen … Irgendetwas bedrückte den Jungen. Nur was?

Auch das am Vortag geführte Telefonat mit Margit brachte mir nicht die gewünschte Erklärung: Sie hätte nicht bemerkt, dass ihr Junge still und in sich gekehrt sei. Wie auch, fand ich. Seit ihrer Scheidung hatte sie sich mehr denn je in die Arbeit gestürzt. Als ich sie fragte, ob Lukas vielleicht unglücklich verliebt sei, hatte mir meine Tochter in gereiztem Ton vorgeworfen, ich würde Gespenster sehen. Liebe ist doch kein Gespenst! Anders als in meiner Jugend wussten die Jungs und Mädchen heutzutage beizeiten, wo der Frosch die Locken hat. Da brauchte Margit nicht zu glauben, ihr 13-jähriger Sohn sei da anders.

Keinen Schritt weiter gekommen beschloss ich energisch, selbst herauszufinden, warum Lukas mir zu entgleiten drohte.

In meinem Kopf summte und surrte es.

Nachdenken, Elisabeth, du musst gut nachdenken!

Kurz nach 13:30 Uhr trudelte der Junge ein. Ich eilte zur Haustür und öffnete ihm.

»Lukas, wie siehst du denn aus? Wo hast du deine Jacke?«

Seine Haare schienen in einen Staubsauger geraten zu sein, und das Hemd hing zur Hälfte lose über der Jeanshose.

»Hallo, Omi Elli.« Lukas trat in den Flur, und die Schultasche fiel polternd neben dem kleinen Schuhregal auf den Boden. Dann wandte er sich um und umarmte mich, ohne eine Antwort auf meine Frage zu geben.

»Heute gibt es Eierkuchen und Apfelmus«, verkündete ich, die Situation überspielend. Mir entging nicht das leichte Lächeln, das über sein Gesicht huschte. Für einen Moment sah er glücklich aus.

Ich stupste ihn ins Bad. Meine Gedanken kreisten um die Jacke, während ich den Tisch deckte. Für mich war sicher: Seine Lieblings-G-Star-Jacke konnte er unmöglich verloren oder liegen gelassen haben.

Wie er ausgesehen hatte, als er hereingekommen war! Bestimmt hatte es eine Rangelei gegeben. Ich nahm mir vor, Lukas später danach zu fragen. Jetzt würden wir erst einmal essen.

Ich zog den Teller mit den aufgestapelten Eierkuchen heran, nachdem sich Lukas frisch gekämmt an den Tisch gesetzt hatte.

»Na, wie war es heute in der Schule?«, wollte ich wissen und legte ihm einen Eierkuchen auf den Teller. »War die Mathearbeit schwer?« Ich schob das Apfelmusschälchen und den Zucker zu ihm hinüber.

»Die Aufgaben habe ich gut lösen können. Wird bestimmt eine Zwei«, antwortete Lukas zuversichtlich, aber ohne Begeisterung in der Stimme.

»Fein«, freute ich mich. Die Mathematik schien nicht sein Problem zu sein, was mich auch gewundert hätte. Lukas' Zensuren waren gut und ließen mich hoffen, dass er mal studieren würde.

Lukas schob den Teller nach zwölf vertilgten Eierkuchen von sich. »Mann, bin ich satt. Danke, Omi.« Er schraubte sich hoch und wollte gehen.

»Junge.« Ich holte tief Luft. »Sag mal, was ist los mit dir? Hast du Probleme?« Ich blickte in sein knabenhaftes Gesicht. Kleine Pickel an dem schmalen

Kinn zeigten mir, dass die Hormone in ihm zu arbeiten begannen.

»Ach Omi, es ist nichts«, beschwichtigte er. Dabei saß er mit hängenden Schultern vor mir.

»Junge, ich bin zwar 65 Jahre alt, aber nicht blöd.« Aufmerksam musterte ich Lukas.

»So meinte ich das nicht. Omi, wirklich.«

»Lukas, schau mich mal an. Was ist los? Soll ich mal mit deinem Klassenlehrer sprechen?«

»Bloß nicht!«, wehrte er ab. »Das wäre voll peinlich.«

»Also, dann raus mit der Sprache, sonst kreuze ich da morgen auf!«

»Du versprichst mir aber vorher, dass du nicht in die Schule kommst«, vergewisserte er sich der Gegenleistung.

Ich nickte.

Lukas schluckte: »Die haben heute meine Jacke abgezogen.«

Also hatte ich mit meiner Ahnung richtiggelegen. In einer Fernsehreportage hatte ich nämlich kürzlich gesehen, dass es in den Schulen schon richtige kleine Gangster gibt, die die Jüngeren unterdrücken und abzocken.

»Und dein Taschengeld geht da wohl auch schon seit Wochen flöten?«

Wieder nickte Lukas. »Aber«, er versuchte, die aufkommenden Tränen zu unterdrücken, »noch viel schlimmer ist, dass Benno mich nach dem Sportunterricht unter der Dusche gefilmt hat.«

»Gefilmt?« hakte ich nach. »Mit einer Kamera wie im Fernsehen?«

»Er hat ein Smartphone. Die neuen Telefone heißen so, Omi«, erklärte er, und ich nickte, während er fortfuhr: »Damit kannst du richtige Videosequenzen drehen. Aber das Allerschlimmste ist der Titel des Filmes: ‚Lukas hat ´nen Kleinen‘.«

Lukas konnte die Tränen kaum noch wegblinzeln: »Die Mädchen aus meiner Klasse kichern, wenn ich an denen vorbeigehe. Selbst Lara.«

»Deine Freundin?«

»Nicht mehr. Wer will schon mit jemanden gehen, der einen ‚Kleinen‘ hat.« Er zottelte ein Tempo aus der Hosentasche und wischte sich die Tränen ab.

»Na, und die anderen?«

»Die sind froh, dass sie nicht selbst dran sind.« Die blanke Resignation klang aus seinen Worten.

»Wer sind diese Typen eigentlich, dass die sich das rausnehmen können?«

»Benno Hergert, Marcus Lippert und Erik Schumann aus der 8b. An die kommt keiner ran. Wer den Aufstand probt, kassiert ein blaues Auge.«

»Der Benno hier aus unserer Straße, zwei Häuser weiter?«

Er nickte betrübt.

»Mensch, komm mal her.« Ich zog Lukas zu mir herüber und drückte ihn. »Denkst du nicht auch, dass die das Video bald vergessen werden? Da denkt doch in ein paar Tagen keiner mehr dran.«

Lukas entzog sich meinen Armen.

»Lass etwas Zeit vergehen, das gibt sich bestimmt bald wieder.«

»Das vielleicht schon. Aber Benno hat es bei Facebook eingestellt. Jeder kann jetzt sehen, dass ich...« Lukas brach ab und schniefte.

Ich streichelte ihm sacht den Rücken. Was hätte ich ihm auch sagen sollen? Dass es auf die Größe nicht ankommt?

Dass Liebe und Zärtlichkeit zählen?

Dass es keine echte Freundin ist, wenn sie sich seiner schämt?

Lebensweisheiten für einen 13-Jährigen in dieser Situation?

Das konnte ich mir verkneifen.

Lukas stand auf. »Denk dran Oma, was du mir versprochen hast!«

Ich nickte ihm zu.

Mein Enkel verließ die Küche und verzog sich in sein Zimmer. Schweigend räumte ich das Geschirr in die Spülmaschine. Ich warf einen Geschirrspültab ein und schaltete sie an. In der Maschine schoss das Wasser aus der Leitung auf das schmutzige Geschirr, und in mir kroch die Wut hoch, drohte wie ein Vulkan zu explodieren. Ich setzte mich an den Küchentisch und dachte nach.

Bennos Hund Lumpi kam ab und zu durch eine Lücke im Zaun auf meine Terrasse. Oft erschmeichelte sich der kleine Vierbeiner ein Hundeleckerli von mir, bevor er wieder auf das eigene Grundstück verschwand. Wenn Bennos Eltern über ihren Sohn

Bescheid wüssten…Die taten immer so fein, wenn sie in ihren Audi A8 stiegen.

Mir wurde klar, dass ich etwas unternehmen musste. Schnell und effizient musste es geschehen. Außerdem durfte Lukas nicht in Verdacht geraten. Bloß, wie? Was konnte ich alte Frau tun? Aber vielleicht lag gerade in meinem Alter mein Vorteil.

Grau und ohne den goldenen Glanz des vorherigen Tages begann der Morgen. Zerknirscht und ohne zu wissen, wie ich Lukas helfen konnte, stellte ich ihm einen Kakao und den Teller mit einem Toastbrot auf den Tisch.

»Zu Mittag bin ich in der Physiotherapie Lange. Aber du kannst dir den Bohneneintopf warmmachen. Pudding steht auch noch im Kühlschrank.«

Lukas nickte und stapfte nach dem Frühstück zur Schule.

Zeit zum Überlegen.

In so manchem Fernsehkrimi habe ich gesehen, dass Kommissare mit viel Geduld ermitteln. Sie sitzen im Auto und beobachten die vermuteten Täter, bevor die Falle zuschnappt. Gut, ich war kein Kommissar, und die Jungs waren keine Mörder. Aber hatte nicht so manche kriminelle Karriere bereits in der Schule angefangen?

Dass sie Lukas die Jacke gestohlen hatten, war der beste Beweis für mich. Ich musste versuchen, dem Treiben Einhalt zu gebieten. Benno Hergert kannte ich. Aber über die anderen zwei Jungs wusste ich nichts. Wo wohnten sie? Was machten die Eltern? Das gilt es als erstes herauszufinden, notierte ich mir in ein kleines Büchlein. Auch das wusste ich aus den Krimis: Gute Kommissare schrieben fast alles auf.

Ich wartete bis 13:00 Uhr, nahm meine schwarze Jacke und zog die Strickmütze tief ins Gesicht.

Von unserem Leipziger Insektenviertel, genauer gesagt von der Libellenstraße aus bis zur Ecke Dieskau- und Huttenstrasse brauchte ich zu Fuß keine fünf Minuten. Ich stellte mich vor den Bäckerladen und konnte so den gegenüber liegenden Schulausgang genau beobachten.

13:15 Uhr: Endlich erblickte ich Lukas. Und da waren auch seine drei Widersacher. Benno erkannte ich sofort. Die beiden anderen mussten Marcus Lippert und Erik Schumann sein. Der eine trug eine Igelfrisur, stieß Lukas mit den Ellenbogen in die Rippen und lachte dabei.

Ich ballte die Faust in meiner Jackentasche. *Mensch Lukas, hau` ihm doch eine rein.* Im gleichen Moment sah ich jedoch ein, dass bei einem Verhältnis von drei zu eins Lukas nicht gut weggekommen wäre.

Die drei ließen von Lukas ab und gingen weiter, als wenn nichts geschehen wäre. Ich beschloss, die *Igelfrisur* als erstes ins Visier zu nehmen und ging dem Jungen nach, um herauszufinden, wo er wohnte. Weit brauchte ich ihn nicht zu verfolgen.

Schon in der Wilhelm-Michel-Straße waren wir am Ziel, und sorgfältig notierte ich mir Hausnummer und Namen: Lippert. Als ich wieder daheim war, googelte ich Namen und Adresse und fand dabei heraus, dass der Vater einem sehr interessanten Beruf nachging.

Am nächsten Vormittag ‚begleitete‘ ich Erik Schumann nach der Schule nach Hause. Unauffällig natürlich. Zu diesem Zweck hatte ich auch mein Outfit gewechselt. Ich trug heute einen braunkarierten Blazer und eine beige Schildmütze.

Wie der Zufall es wollte, wohnte in dem Haus in der Kloßstraße, das Erik Schumann kurz darauf betrat, auch meine Freundin Hedwig. Sofort kam in mir der Wunsch auf, meine alte Bekannte mal wieder zu besuchen. Gleich am nächsten Tag klingelte ich zur besten Kaffeezeit bei ihr. Ihre Silberlöckchen wippten vor Freude, als sie mich sah. Hedwig stellte ein weiteres Gedeck auf den Tisch und goss mir Kaffee ein. Ganz unauffällig brachte ich die Sprache auf die Schumanns. Hedwigs Augen glänzen, als sie mir berichtete, dass Frau Schumann einen Lover hätte.

Einen Lover? Seit wann konnte Hedwig englisch? »Woher weißt du das, Hedwig?« Ich nippte den Kaffee aus dem feinen Biskuitporzellan.

»Das Fernsehprogramm war vor ein paar Tagen abends wieder mal ganz mies. Da bin ich eben ins *Kaufland* gegangen, die haben lange auf. Dort treffe ich immer jemanden, und ein Stück Butter hält sich im Kühlschrank ewig. Und als ich so gegen 21.30 Uhr zurückkam, sah ich Frau Schumann mit einem Mann Arm in Arm in unserem Haus verschwinden.« Bedeutungsvoll hoben sich Hedwigs Augenbrauen. »Es war *nicht* ihr angetrauter Ehegatte.«

»Und woher willst du wissen, dass es sich um ihren Liebhaber handelte?« Noch waren das keine Beweise für mich.

Hedwig verdrehte die Augen. Ihr gichtgeplagter Zeigefinger deutete geheimnisvoll auf die Zimmerdecke. »Die Buden sind hier sehr hellhörig. Das Bett quietschte so in einem gewissen Takt. Schneller und immer schneller.« Hedwig kicherte verlegen.

»Jaja Hedwig, ich verstehe schon. Und wo war ihr Mann um die Zeit?«

»Der kommt immer erst freitags zurück. Er ist auf Montage.«

»Aha«, merkte ich auf. Für diese Information hätte ich Hedwig umarmen können. Ich trank meinen Kaffee aus. »Es war wieder richtig schön, mit dir zu plauschen. Müssen wir bald mal wiederholen«, verabschiedete ich mich, und Hedwig nickte zustimmend.

Am nächsten Tag klingelte mein Wecker in der Früh schon gegen sechs. Voller Elan schwang ich mich aus dem Bett und beeilte mich bei der Morgentoilette.

Dabei wurde mir wieder einmal klar, wie gut ich es doch hatte: Ich musste keine Zahnprothese aus dem Nachtreinigungsbad nehmen, Blutdruck messen oder ein erstes Tablettenfrühstück schlucken. Zähne putzen, waschen, anziehen, fertig. Hoffentlich bleibt das noch eine Weile so, dachte ich, als ich in den Spiegel blickte und meine frisch getönten braunen Haare kämmte.

Die Kaffeemaschine tuckerte, und eine Weißbrot-scheibe hüpfte aus dem Toaster. Das Frühstück würde an diesem Morgen knapp ausfallen.

Halb sieben fuhr ich aus der Garage zuerst einmal in Richtung Adler, so nennen die Leipziger die dritte Ampelkreuzung von Großzschocher kommend in Richtung stadteinwärts. Die historische Gaststätte, der die Kreuzung ihren Namen verdankte, hatte man schon 1994 abgerissen. Der Name jedoch war geblie-ben.

Die kurze Fahrzeit genügte, um die Autoheizung auf Touren zu bringen. Dann parkte ich meinen PKW in der Kloßstraße. Es war kalt an diesem Morgen. Außerdem konnte es eine Weile dauern, bis mein Zielobjekt die Wohnung verlassen würde.

In meiner grauen Jacke war ich fast unsichtbar. Gespannt wartete ich darauf, dass Erik Schumann in die Schule gehen würde. Aber nicht *er* war das Ziel meiner Beobachtung, sondern seine Mutter.

Kurz nachdem der Junge das Haus verlassen hatte, ging auch das Licht in der Parterrewohnung aus. Dunkelheit im Schumannschen Heim, denn wer sonst sollte da wohnen? Hier stimmte die Anordnung der Namen auf der Klingel noch mit der Etage der Wohnung überein. Dennoch dauerte es eine Weile, bis ich eine junge Frau erspähte, die einen rosa Kindersportwagen aus der Haustür bugsierte. Das musste Eriks Mutter sein. Ein kleines Schwesterchen hatte Lukas' Peiniger also auch noch. Die Kleine tat mir jetzt schon leid. Die junge Frau wollte mit ihr wahrscheinlich in die Kinderkrippe in der Arthur-Nagel-Straße.

Behutsam startete ich den Motor. Gut, dass hier ein Verkehrsschild Tempo 30 für die Autofahrer vorschrieb. So fiel meine Schleichfahrt nicht weiter auf. Außerdem saß ja eine Oma am Steuer.

Vor dem Eingang des Kindergartens wartete ich erneut. Es gab jetzt zwei Möglichkeiten: Entweder stieg Frau Schumann anschließend in die Straßenbahn, um zu ihrer Arbeit zu gelangen, oder sie arbeitete hier irgendwo in Großzschocher und würde zu Fuß gehen. Ich musste mich überraschen lassen.

Endlich erschien die Frau in der Tür der Kita und legte gleich eine schnelle Gangart vor. Ich startete den Motor und fuhr ihr im Schritttempo hinterher. Zu meiner Freude überquerte Frau Schumann nur die Dieskaustraße und verschwand wenig später im Bäckereigeschäft des nahegelegenen Supermarktes.

Ich fuhr auf den Parkplatz, stieg aus, näherte mich vorsichtig dem Geschäft und ging hinein. Schon beim Eintreten sah ich sie in einer weißen Schürze hinter der Theke stehen. Es roch verführerisch, und ich kaufte ein Stück Quark-Sahne-Torte. Freundlich und mit einem breiten Lächeln bat mich Frau Schumann, passend zu bezahlen.

Eigentlich fand ich sie ganz nett. Bestimmt ahnte sie nicht, was für gemeine Spielchen ihr Sohn trieb. Aber das würde ich ihr schon noch wirkungsvoll zur Kenntnis bringen. Dass auch sie es faustdick hinter den Ohren hatte, wusste ich ja von Hedwig. Jetzt jedoch verabschiedete ich mich erst einmal mit: »Danke, Frau Schumann.«

Zwei Tage waren seit Beginn meiner Beobachtungstour vergangen. Es hatte sich gelohnt. Die gesammelten Informationen gaben mir gute Möglichkeiten, meinen Plan auszuführen.

Jetzt, am Nachmittag, nahm ich nach dem Kaffeetrinken Nummer eins aufs Korn – Marcus Lippert, die Igelfrisur. Der Junge trainierte um diese Zeit im Fußballverein in Knauthain. Sein Training würde bald zu Ende sein. Das hatte ich leicht in Erfahrung bringen können, nachdem ich seine Fußballsachen auf den Wäschetrockenplatz hatte hängen sehen. Auch sein Fahrrad, in den Farben des Vereins lackiert, ließ kaum Zweifel daran, dass er damit zum Training fuhr. Der Schaukasten des Vereins gab die Trainingszeiten der einzelnen Altersklassen preis. Alles ganz einfach herauszufinden.

Ich parkte einige Meter vor dem Einlasshäuschen in Fahrtrichtung. Jeder musste hier vorbei, ob auf dem Weg zum Spiel oder zum Training.

Langsam legte sich die Dunkelheit auf den spärlich beleuchteten Vorplatz des Vereins. Bewaffnet mit meiner Gehhilfe, die nach meinem Beinbruch von vor zwei Jahren übriggeblieben war und Lukas' Kopflampe für Fahrradfahrer, lauerte ich im Schatten des Einlasshäuschens.

Dann sah ich den Jackendieb - zum Glück allein - aus der Tür kommen und auf sein Fahrrad zusteuern. Genau darauf hatte ich gehofft. Viel Zeit blieb mir leider nicht, bis die anderen ihm folgen würden. Ich musste mich beeilen.

Der Dynamo des Fahrrades surrte, wahrscheinlich trat Marcus gerade richtig in die Pedale. Ich dachte an meinen verzweifelten Enkel. Jetzt gab es kein Zurück mehr. Noch zwei, drei Meter und dann … Ich passte genau den Moment ab, als er mit seinem Fahrrad an mir vorbeiwollte. Zack, warf ich ihm die Krücke in die Speichen.

Die Igelfrisur verlor die Balance und landete nach einem Salto in der angrenzenden Thujahecke. Sein Fahrrad rutschte noch einige Meter weiter.

Ich zückte mein Handy, hob meinen Gehstock auf und ging flugs auf den Jungen zu.

Dieser hielt sich den Kopf und rieb sich mit der anderen Hand vor Schmerzen den Rücken.

»Das war aber keine rekordverdächtige Landung«, sprach ich ihn mit kräftiger Stimme an. Ich drückte ihm meinen Gehstock auf die Brust und schaltete meine Kopflampe ein. Geblendet vom hellen Lichtstrahl erfasste der Junge bestimmt nicht, dass eine Oma ihn in Schach hielt. »Du machst ja ein noch bescheuertes Gesicht, als ich mir vorgestellt hatte.« Ich hielt ihm kurz mein Handy unter die Nase. »Habe ich hier jetzt alles auf Video.« Dass dies ein relativ altes Telefonmodell war, würde er in dieser Situation bestimmt nicht checken.

Ich sah, wie er sich langsam aufzurappeln versuchte. Ein kurzer Blick nach links, ein kurzer Blick nach rechts. Noch kam niemand.

Ich schubste ihn mit dem Stock in die Hecke zurück. Überrascht und benommen von dem erneuten Sturz schien er im Moment noch keine Abwehrkräfte mobilisieren zu können.

»Hör mir zu! Wenn du noch einmal die Jacke oder das Taschengeld von Lukas stiehlst, kannst du etwas erleben!« Ich erhöhte den Druck mit meiner Krücke. »Als erstes gibst du ihm die Jacke zurück. Und denke nicht, dass ich spaße. Machst du nicht, was ich sage, wird dein Vater erfahren, was für ein Früchtchen du bist. Ich weiß nicht, ob ihm das als Anwalt gefallen würde. Für Erpressung und Diebstahl gibt es auch schon mal sechs Monate Jugendknast. Das solltest du wissen! Hast du mich verstanden?«

Sprachlos blinzelte der Junge in mein Lampenlicht. Ich trat einen Schritt zurück. »Und zu niemandem ein Wort über unser heutiges *Trainingsabschlussgespräch,* klar? Sonst steht das Video im Netz!«

Ich wartete nicht auf eine Antwort. Ich hörte Stimmen und machte mich lieber schnell aus dem Staub. Nach einigen Metern knipste ich die Kopflampe aus und stieg in mein Auto. Im Schutz der Dunkelheit fuhr ich schnell davon.

Mann, Mann, meinen Blutdruck würde ich jetzt nicht messen wollen!

Die helle Novembersonne verbreitete an diesem Sonntagvormittag eher einen Vorgeschmack auf den Frühling als auf den anstehenden Winter. Lautes Rufen weckte meine Neugier, und ich öffnete die Terrassentür. Jetzt, da die Bäume kein Laub mehr trugen, konnte ich gut in Hergerts Garten hinübersehen. Doch ich wusste auch so, wen meine Nachbarn suchten.

Gern hätte ich gefilmt, wie kleinlaut und schockiert Benno einen Tag später an meinem Gartenzaun stand, nachdem ich ihn abgepasst hatte, als er von der Schule zurückkam. »Na, suchst du deinen Lumpi?«, hatte ich ihn gefragt und dabei aufmerksam beobachtet.

»Haben Sie ihn denn gesehen? Er ist seit zwei Tagen weg. Wir haben schon überall gesucht.« Benno schien richtig betrübt zu sein, vielleicht hatte er sogar geweint.

Ich ließ ich ihn zappeln. »Ja, natürlich. Es ist gut möglich, dass ich ihn gesehen habe.«

»Wo ist er denn?«, fragte er mich voller Hoffnung in der Stimme.

Ich zuckte mit den Schultern. »Ich bin mir nicht sicher. Ich könnte mir aber *vorstellen*, wo er sein könnte.«

»Na, dann sagen Sie es doch!«

»Nein, Benno. Warum sollte ich?«

»Wie, nein?« Er schien die Situation nicht zu erfassen und hakte nach: »Sie wissen wo mein Lumpi ist, sagen es mir aber nicht? Das ist nicht fair. Das hätte ich nicht von Ihnen gedacht!«

»Ach Benno, ich hätte auch nicht gedacht, dass ausgerechnet du - als unser Nachbar - den Lukas filmen würdest, nackt unter der Dusche.«

Benno zuckte zusammen. Das hatte gesessen. »Das war doch nur Spaß.«

»Rede dich nicht heraus. Und zudem nehmt ihr ihm immer das Taschengeld ab.«

»Das hat er uns freiwillig gegeben.«

»Weil ihr ihm Prügel angeboten habt. Ich bin nicht blöd.« Ich trat einen Schritt näher an ihn heran. »Und jetzt hör gut zu! Du hast genau einen Tag Zeit, den Film bei Facebook zu sperren, besser noch, ganz zu löschen. Und Gnade dir Gott, du lässt etwas von unserem Gespräch verlauten oder du vergreifst dich noch einmal an Lukas oder an einem anderen Mitschüler. Dann lasse ich Lumpi einschläfern und erzähle deinen Eltern, was du so treibst.« Ich hob die Stimme noch etwas an: »Hast du mich verstanden?«

»Ja, ja«, antwortete mir Benno mit weit aufgerissenen Augen.

Ich nahm ihm ohne weiteres ab, dass er nicht erwartet hatte, wozu ich fähig war. »Und glaub bloß nicht, dass ich nicht prüfen kann, ob du wirklich dafür gesorgt hast, dass das Video im Netz gesperrt wird. Ich kenne mich aus. Jetzt hau ab, aber vergiss nicht, was ich dir gesagt habe, wenn du deinen Lumpi wiedersehen willst.«

Sein Mund stand offen.

Ich ließ Benno einfach stehen. Jetzt musste ich mich nur noch um die Erziehung von Erik Schumann kümmern.

19.00 Uhr. Ich griff zum Telefon.

»Frau Schumann?«, vergewisserte ich mich und

fuhr fort, als sie meine Frage bejaht hatte. »Ich mache es kurz. Ihr Erik nimmt meinem Enkel Lukas das Taschengeld ab und schikaniert ihn, wo er nur kann. Lassen Sie mich bitte ausreden«, würgte ich sie bei dem Versuch, mich zu unterbrechen ab. »Wenn das nicht aufhört, gebe ich Ihrem Mann einen Tipp, wie Sie abends Ihre Zeit verbringen, während er auf Montage ist.«

Stille am anderen Ende der Leitung.

Also fuhr ich fort: »Ich habe erst vor kurzem Fotos gemacht, als Sie spät abends mit Ihrem Geliebten unerkannt ins Haus huschen wollten. Ich hoffe, Sie verstehen mich.«

Ich hörte sie schnaufen. Doch ich musste an Lukas denken. »Sollten Sie es nicht schaffen, Ihren Sohn von seinen Gemeinheiten abzubringen, dann wäre es vielleicht besser, Sie würden nicht mehr arbeiten und sich stattdessen voll und ganz um die Erziehung Ihrer Kinder kümmern. Ich bin sehr gut mit Ihrer Chefin befreundet. Ein paar gezielte Hinweise, und Sie verkaufen nirgendwo mehr Brötchen. Und noch ein Tipp: Ich würde besser auch niemanden etwas von unserem Gespräch erzählen.«

Ein empörter Schrei antwortete mir. Offensichtlich war sie vor Schreck nicht in Ohnmacht gefallen

»Was ich mir erlaube?«, wiederholte ich ihre Frage. »Bleiben Sie mal ruhig, Frau Schumann. Noch ist nichts passiert. Noch habe ich nicht mit Ihrem Mann oder Ihrer Chefin gesprochen. Noch habe ich nicht Ihren Kinderwagen...« Hier brach ich kurz ab und machte eine kleine, wirkungsvolle Pause. »Ach, Frau Schumann. Wir wollen doch alle bloß, dass unsere Kinder und Enkel gesund und gut durchs Leben kommen. Denken Sie bitte daran.« Ich legte auf und atmete tief durch.

An diesem Abend ließ ich Lumpi aus dem Keller frei. Munter und vollgestopft mit Hundeleckerli sprang er hinüber auf das Grundstück der Hergerts und bellte freudig vor deren Terrassentür.

Gespannt wartete ich am Mittwochmittag auf Lukas. Da flog auch schon das Gartentor auf, und er stürmte herein. Ich stand gerade in der Küche und spülte die Spaghetti mit heißem Wasser ab. Er umarmte mich von hinten und drückte mich ganz fest.

Einige Spaghetti machten sich selbstständig und verschwanden auf Nimmerwiedersehen aus dem Sieb im Ausgussbecken.

»Omi, siehste was?«

Ich musterte ihn. Natürlich war mir gleich aufgefallen, dass er seine G-Star-Jacke wieder trug: »Wo hast du die denn so plötzlich her?«

»Du glaubst es nicht! Der Markus hat sie ganz freiwillig wieder mitgebracht. Er hat gesagt, dass er sie sich nur mal für einen Treff mit seiner Freundin ausborgen wollte, weil er sie so schick fand.«

»Na, siehst du? Besser wäre es gewesen, er hätte dich davor gefragt«, erwiderte ich. »Wasch dir noch die Hände und dann komm essen.«

Lukas spulte die Nudeln um die Gabel. »Noch

etwas war heute komisch.«

»Ja?«, hakte ich nach, obwohl ich schon eine Ahnung hatte, was er meinte.

»Niemand hat mir Prügel angedroht, und mein Taschengeld habe ich auch noch.« Er schien sein Glück kaum fassen zu können. »Hast du eine Ahnung, wieso die jetzt so nett zu mir sind?«

»Nein.« Ich versuchte, betont ahnungslos zu schauen. »Noch mehr Tomatensoße auf die Spaghetti?«

Er nickte heftig.

Ich war erleichtert. Plan B würde ich wohl nicht ausführen müssen. Die letzte Woche war aufregend genug für mich gewesen.

Günther Zäuner

Pythagoras

»Gehen wir am Samstag zusammen auf das Konzert?«, fragt Doreen im Schulbus ihre beste Freundin.

»Nö, keinen Bock.«

»Was ist los?«

»Nichts, lass mich in Ruhe.«

Doreen ist wie vor den Kopf gestoßen. Was hat Ann-Kathrin bloß? Es gab keinen Streit. Doreen kann sich das Verhalten ihrer besten Freundin nicht erklären. Bis jetzt ist alles wie immer gewesen.

Die Mädchen waren zusammen in die Kita gegangen, danach saßen sie in einer Bank in der Grundschule, sind wie Schwestern ohne Geheimnisse voreinander.

Auch im Gymnasium sind Doreen und Ann-Kathrin unzertrennlich, besuchen die gleiche Klasse in der Oberstufe.

Die Mädels ergänzen sich prächtig. Doreen steht mit Mathe auf Kriegsfuß, während Ann-Kathrin dieses Fach im kleinen Finger zu haben scheint. Dafür schwächelt sie in der englischen Grammatik, aber Doreen ist ein Sprachtalent.

Beide haben die gleichen Interessen, mögen die gleiche Musik, alles in prächtigem Einklang. Eigentlich Friede, Freude, Eierkuchen.

»Habe ich dich verärgert, Ann-Kathrin? Wenn das der Fall ist, bitte sage es mir. Dann habe ich es sicherlich nicht absichtlich getan.«

»Schon gut, lass mich einfach zufrieden.«

Der Schulbus hält in unmittelbarer Nähe des Gymnasiums. Es sind nur ein paar Schritte, die von den Freundinnen in trauter Gemeinsamkeit zurückgelegt werden.

Doch Ann-Kathrin schließt sich einfach einer Gruppe an und zieht es vor, mit denen zu gehen.

Doreen ist den Tränen nahe, da sie sich keinerlei Schuld bewusst ist.

»Echt scharf«, hört sie plötzlich eine Stimme neben sich, die sie aus ihren Gedanken reißt.

Doreen blickt zur Seite und sieht Ronny, der in der Schule als Schwerenöter verschrien ist. Immer einen flotten Spruch auf den Lippen, nie um eine Ausrede verlegen, wenn er wieder einmal keine Hausaufgaben gemacht hat. Umschwärmt von den Mädels und bewundert von den Jungs. Ronny hat es echt drauf.

»Was hast du gesagt?«, fragt ihn Doreen ziemlich unwirsch.

»Echt scharf, habe ich gesagt.«

»Was? Wer?«

»Du weißt schon, was ich meine, wow!«

»Wovon redest du? Hast du nicht mehr alle Latten am Zaun?«

»Man sieht sich, ciao!«

Ronny zieht Leine, um einen neuen Schwarm anzubaggern. Was wird da nur gespielt? Doreen ist bei allen beliebt, hat nie Stress mit ihren Mitschülern. Warum plötzlich dieses reservierte, vielmehr ablehnende Verhalten? Zuerst die Abweisung durch Ann-Kathrin, jetzt Ronnys dämliches Gequatsche.

Sobald Doreen von den anderen gesehen wird, wenden sie sich entweder ab und starren sie nur feindselig an. Getuschel, Kichern – natürlich weiß Doreen, dass sie gemeint ist. So sehr sie sich auch ihr Hirn zermartert, hat sie nicht einmal den Ansatz einer Idee, weshalb sie plötzlich gemobbt wird. Zu allem Übel gleich in der ersten Stunde eine Matheschularbeit. Sie braucht zumindest eine Drei, sonst kann sie ihre Versetzung vergessen.

Als sie in ihre Klasse kommt, das gleiche Verhalten wie zuvor. Die Ablehnung ist nicht zu übersehen. Ann-Kathrin hat ihre Sachen gepackt und die letzte freie Bank ganz hinten gewählt.

»Willst du nicht mehr neben mir sitzen?«, fragt Doreen, und Tränen stehen in ihren Augen.

»Siehst du doch«, lautet Ann-Kathrins patzige Antwort.

»Warum, Ann-Kathrin?«

»Ich muss mich jetzt konzentrieren.« Eiskalt lässt sie abermals Doreen abblitzen und dreht sich brüsk weg. Enttäuscht und tief gekränkt setzt sich Doreen an ihren angestammten Platz. Reiß dich zusammen, nicht heulen, denke an Mathe. Vergiss alles andere. Du schaffst es.

Die Glocke ertönt und mit dem letzten Ton, wie üblich, steht Pythagoras in der Klasse. Eigentlich Studienrat Oppendorff, bekannt und gefürchtet für seine Strenge und Überkorrektheit, stets wie aus dem Ei gepellt. Ein Lehrer, der aus der Zeit gefallen scheint. Einer, der ins 20. oder noch besser ins 19. Jahrhundert gepasst hätte. Pythagoras braucht nicht viel zu sagen, wenn es in der Klasse lauter ist. Ein scharfer Blick reicht, selbst Ronny wird, sobald Pythagoras vorne an der Tafel steht, sehr kleinlaut. Bei ihm liefert selbst der ansonsten freche und aufsässige Ronny pünktlich seine Arbeiten ab.

Das Leben des unverheirateten und kinderlosen Studienrats besteht anscheinend nur aus Zahlen, Tabellen, Formeln, Logarithmen und Algorithmen. In der Lehrerschaft ist Oppendorff suspekt, aber er ist ein exzellenter Mathematiker und trägt seinen Teil dazu bei, dass dieses Gymnasium über den besten Ruf verfügt. Daher arrangiert man sich notgedrungen mit ihm, aber verkehrt nur dienstlich mit ihm.

Pythagoras knurrt wie immer etwas, das wie guten Morgen klingen soll, kommt gleich zur Sache, indem er die Mathe-Beispiele verteilt.

Als Doreen die Aufgaben sieht, wird ihr gleich noch unwohler. Zwar war sie darauf eingestellt, dass möglicherweise eine Vektorenrechnung dabei sein wird, doch sie hatte gehofft, dass Pythagoras das vielleicht doch vergisst. Nicht beim Herrn Studienrat!

Doreen kann nicht verstehen, wofür sie im späteren Leben dieses Zeug braucht. Sicherlich hegt sie keinerlei Ambitionen, später Mathe zu studieren, vielmehr möchte sie Tierärztin werden.

Bei anderen Lehrern ist Schummeln durchaus eine Option, bei Pythagoras völlig ausgeschlossen. Dieser Mann muss über mehr als zwei Augen verfügen. Er scheint auch hinten sehen zu können. Wehe dem, der ertappt wird! Für den Schummler ist die Schularbeit gelaufen. Ungültig, eine Sechs und ein Eintrag im Klassenbuch sind ihm sicher.

Doreen wagt einen kurzen Blick über die Schulter, sieht Ann-Kathrin, die vor sich hinlächelt. Natürlich sind die Beispiele für sie ein Klacks, selbst die Vektorenrechnung wird sie mit links und mit Bravour hinbekommen. Die Eins ist ihr bereits sicher, und Pythagoras wird, wenn er die Zensuren verteilt, bei Ann-Kathrin lächeln, was bei ihm eigentlich so gut wie nie vorkommt.

Doreen ist deswegen keineswegs neidisch, sie erntet dafür ihre Lorbeeren in Englisch. Neid ist nie ein Thema zwischen den Freundinnen gewesen, doch seit heute früh ist Doreens bislang heile Welt auf den Kopf gestellt. Immer wieder spukt Ann-Kathrins Verhalten in ihrem Kopf herum, dabei sollte sie sich konzentrieren. Schließlich hängt von dieser Schularbeit sehr viel für sie ab. Doch jede Schulstunde endet irgendwann, selbst wenn sie sich zäh wie Honig zieht.

Doreen gibt mit gemischten Gefühlen ihre Arbeit ab. Ob sie tatsächlich eine Drei schafft, steht momentan in den Sternen.

Sie verlässt ihren Platz, und als sich ihr Weg mit dem von ihrer Freundin kreuzt, geht Ann-Kathrin demonstrativ zur Seite. Traurig und geknickt geht Doreen hinunter in den Pausenhof.

Sofort beginnen wieder Gekicher und Getuschel. Die Blicke treffen sie wie Pfeile. Natürlich bildet sich wieder eine Traube um Ronny, der das große Wort führt.

Doreen verzieht sich in eine Ecke, versucht ihr Pausenbrot zu essen, aber sie verspürt keinerlei Appetit.

»Hey Doreen!«, ruft Ronny zu ihr herüber. »Echt geil! Haste nach der Penne Zeit? Du weißt schon warum!«

Allgemeines Gelächter. Jetzt reicht es! Doreen packt ihren Happen weg, nimmt all ihren Mut zusammen, geht schnurstracks auf Ronny und den Haufen zu.

»Was geht da ab?«, will sie wissen und stellt die Gruppe zu Rede. »Was wollt ihr von mir? Denkt ihr, ich merke nicht, dass ihr mich schneidet? Was habe ich euch getan?«

»Oh, sie weiß es nicht, unser Unschuldslamm!«, verhöhnt Ronny sie. »Mach doch jetzt nicht auf dämlich, Doreen! Die gesamte Schule weiß doch inzwischen, wie du drauf bist!« Mit einem süffisanten Lächeln setzt er hinzu: »Und drunter.«

»Was faselt du da für einen Schwachsinn?« Doreen ist völlig außer sich, nur jetzt nicht weinen! Ihnen keinesfalls diesen Triumph gönnen!

»Vielleicht hilft das deinem lückenhaften Gedächtnis auf die Sprünge?« Ronny hält ihr sein Handy unter die Nase, und Doreen fühlt, wie unter ihren Füßen der Boden zu wanken beginnt.

»Nein!«, schreit sie auf. »Nein! Warum macht ihr mit mir so eine Schweinerei? Warum tut ihr mir das an?«

Hoffentlich ist es nur ein böser Traum, und alles ist wie bisher. Ann-Kathrin und sie wieder ein Herz und eine Seele. Doch leider bleibt dieser Wunsch unerfüllt. Es ist real, was auf dem Handybildschirm abläuft. Sie nackig und in sehr verfänglichen Situationen mit einem Mann, ebenfalls wie Gott ihn schuf. Und dieser Mann ist niemand anderer als Pythagoras! Der honorige, über allem erhabene Studienrat Oppendorff!

Alle zucken zusammen, als seine bestens bekannte Stimme im schneidenden Kasernenhofton ertönt. »Was geht hier vor? Was gibt es hier zu sehen? Handy her!«

So schnell kann Ronny gar nicht reagieren, schon hat ihm Pythagoras das Handy abgeknöpft.

Plötzlich herrscht im Pausenhof Totenstille. Selbst die Vögel in den Bäumen ringsum wagen nicht mehr zu zwitschern. Mit stoischer Miene verfolgt der Studienrat das Geschehen auf dem Bildschirm.

»Dein Handy?«

»Ja.« Ronny ist scheinbar um einen halben Meter kleiner geworden und wäre am liebsten unsichtbar. In einer Spalte verschwinden und nie wieder auftauchen.

»Mitkommen«, schnarrt Pythagoras und zeigt zuerst auf Ronny, dann auf Doreen.

Im Sekretariat befiehlt er den Schülern zu warten, während er in das Direktionsbüro geht. Ronny hat den Blick starr auf den Boden gerichtet, wagt nicht nach links und rechts zu gucken, schon gar nicht Doreen anzusehen. Sie ist verzweifelt, kann sich nicht erklären, wie dieses verdammte kompromittierende Video zustande gekommen ist.

Es vergehen endlose Minuten, bis der Direktor seine Tür öffnet und mit einem Blick, der einem das Blut in den Adern gefrieren lässt, die Schüler mit einem Wink auffordert, einzutreten. »Was habt ihr dazu zu sagen?«, fragt er, während Pythagoras abwartend in einer Ecke steht und mit Argusaugen das weitere Geschehen beobachtet.

»Das...dieses...also das Video, es wurde mir zugeschickt«, druckst und stottert Ronny herum und versucht, sich auf diese Weise aus der Affäre ziehen zu können, um vielleicht mit einem blauen Auge davon zu kommen. Dabei ist es nicht einmal gelogen, dieses Schmuddelfilmchen bekam er tatsächlich zugesendet.

»Es steht wohl außer Frage, dass Herr Studienrat Oppendorff auf infame Weise hereingelegt wurde«, stellt der Direktor klipp und klar fest. »Sein Kopf wurde für dieses Fake missbräuchlich verwendet. Das wird Konsequenzen haben. Nun zu dir, Doreen. Ich … wir«, dabei blickt er hinüber zum Kollegen, »wir sind maßlos von dir enttäuscht. Du hast nie Probleme gemacht, deine schulischen Leistungen sind durchaus in einem sehr guten Mittelmaß. Hast du das notwendig, dich auf ein derart tiefes, ja kriminelles Niveau zu begeben?«

Jetzt brechen bei Doreen alle Dämme, und sie beginnt haltlos zu schluchzen. »Ich habe damit nichts zu tun«, stößt sie hervor. »Ich bin ebenso wie Pytha… wie Herr Studienrat Oppendorff gelinkt worden.«

»Das bist doch eindeutig du, oder nicht?«, lässt sich der Direktor nicht von ihren Tränen beeindrucken.

»Ja«, gibt Doreen zu, »aber ich habe damit nichts zu tun.«

»Gut. Was du privat treibst, ist deine Sache und geht die Schule nichts an. Aber dass du dich dafür hergibst, einen hervorragenden Pädagogen wie Herr Studienrat Oppendorff dermaßen hinters Licht zu führen, das ist unverzeihlich und …«

Das Klopfen an der Bürotür unterbricht die Strafpredigt des Direktors. Die Sekretärin steckt den Kopf herein und sagt, dass jemand eine Aussage zu dem Vorfall machen will. Widerwillig gestattet es der Direktor. Für ihn steht bereits die Hauptschuldige fest: Doreen.

Das Mädchen ist wie vom Donner gerührt, als Ann-Kathrin das Büro betritt. Will sie Doreen nun ebenfalls eins auswischen?

Nein, sie geht auf ihre Freundin zu, nimmt sie fest an der Hand. »Herr Direktor, ich kannte dieses Video vorher nicht«, sagt sie mit fester Stimme und voller Über-zeugung. »Doch es kursieren diese Gerüchte, dass Doreen und Py... äh ... Herr Studienrat Oppendorff etwas zusammen haben, weil doch in letzter Zeit ihre Mathezensuren um einiges besser wurden. Dann verschlechterte sie sich wieder, und so wurde heute herumgetratscht, dass es vorbei ist und es Doreens Rache wegen verschmähter Liebe war.«

»Moment«, hakt augenblicklich der Direktor nach. »Dass Herr Studienrat Oppendorff einem Fake zum Opfer fiel, ist klar. Wer immer es mit Doreen getrie ... äh ... zugange war ... also ... es muss ein Dritter im Spiel gewesen sein, um zu filmen. Oder das Video wurde mit Selbstauslöser gedreht.«

»Weder noch«, widerspricht da Ann-Kathrin, »die Aufnahmen von Doreen habe ich gemacht. Es ist schon länger her, dass Doreen mich gebeten hat, sie so zu filmen. Sie wollte ihrem Freund eine Freude machen. Da wir wirklich beste Freundinnen sind, habe ich ihr den Gefallen getan. Wir haben nichts voreinander zu verbergen.«

»Eine verrückte Welt«, mischt sich nun Pythagoras kopfschüttelnd ein. »Früher waren das Kinokarten, oder man spendierte ein Eis oder ließ sich sonst irgendwas Nettes einfallen, um jemandem eine Freu-de zu machen.«

»Dass Herr Studienrat Oppendorff, abgesehen von seinem Kopf, sicher nicht dieser Mann im Video ist, steht fest«, kann sich Ann-Kathrin diese Spitze nicht verkneifen. »Verzeihung, aber dieser fremde muskulöse Körper passt nicht zu ihm.«

Damit hat Ann-Kathrin vollkommen recht. Pythagoras ist eigentlich ein hageres Klappergestell und keineswegs ein Mann, der Frauen die Köpfe verdreht.

Während der Studienrat konsterniert seinen Kopf schüttelt, dreht sich der Direktor kurz beiseite, damit niemand sein Grinsen bemerkt.

»Also«, meint er, nachdem er seine Fassung wiedergewonnen hat, »wir haben es mit einer Fälschung zu tun. Nun stellen sich drei Fragen. A: Wer ist der Urheber? B: Was sollte damit erreicht werden? C: Wie ist Doreen darin verwickelt?«

Der Direktor, der bisher wie ein gereizter Tiger auf und ab geschritten ist, setzt sich nun hinter den Schreibtisch, legt die Hände auf die Tischplatte. »Ach ja, gibt es diesen Freund noch, Doreen, für den diese pikanten Aufnahmen gedacht waren?«

»Nein, Herr Direktor. Wir haben uns vor ein paar Wochen im Streit getrennt, weil ich dahinterkam, dass er ein Windhund ist.«

»War es jemand aus unserem Haus oder eine schulfremde Person?«

»Muss ich ihn verpetzen?«

»Das sind hier keine Kinkerlitzchen, weil eine Fensterscheibe zu Bruch gegangen ist oder sonst eine Lappalie. Hier geht es um Rufschädigung, Diffamierung und Ehrabschneidung eines unbescholtenen Mannes. Ich denke, du weißt, dass die Verführung

Minderjähriger durch einen Erwachsenen strafbar ist und mit Knast bestraft wird. Raus mit der Sprache!« Der Direktor ist noch entrüsteter, als er es ohnehin bereits war.

»Es war Dirk Mantzerow aus der 7B.«

Der Direktor drückt auf einen Knopf der Gegensprechanlage, fordert, dass Mantzerow sofort kommen soll.

Als der Schüler mit hochrotem Kopf und gesenktem Blick eintritt, weiß er natürlich, was es geschlagen hat.

»Ich nehme an, Dirk, du weißt, worum es geht. Kannst du mir erklären, wie Doreens Video von dienem Handy auf Ronnys Telefon gelangen konnte?«

Plötzlich gibt Ronny sich einen Ruck. »Lass gut sein, Dirk. Es war eine mehr als blöde und gemeine Aktion von uns. Nachdem sich Doreen und Dirk getrennt hatten, prahlte er mit dem Film herum. Er war wütend und am Boden zerstört. Und er wollte sich rächen. Ich hatte auch triftige Gründe, Doreen einen hinzuwürgen. Ich habe mich oft genug um sie bemüht, aber sie zeigte mir jedes Mal die kalte Schulter, hat mich abblitzen lassen. Ich habe schließlich einen gewissen Ruf in der Schule und konnte mir das nicht bieten lassen. Dass ich nicht ihr Typ wäre und so weiter. Da kam mir die Idee, zwei Fliegen mit einer Klappe zu schlagen. Es tut mir leid, wenn ich das so sage, Herr Studienrat Oppendorff, aber Sie zählen nicht zu unseren beliebtesten Lehrern. Es gibt ja genug Videos von Ihnen von Schulfeiern, Ausflügen und auch vom Unterricht. Ein Freund von mir kann Videos manipulieren, dass es total echt aussieht. Er war einverstanden. Danach war das Video im Umlauf. Wir wollten Doreen fertig und unmöglich machen, und gleichzeitig Herrn Studienrat Oppendorff auf diese Weise anschwärzen und von unserer Schule vertreiben. Ich bitte in aller Form um Entschuldigung, aber weder Dirk noch ich haben an die Konsequenzen gedacht.«

»So, so. Sehr naiv, meine Herren.« Der Direktor ist sichtlich erschüttert von diesem Geständnis. »Ein Nerd produzierte dieses Machwerk. Da kenne ich an unserer Schule nur einen. Er ist doch im Haus, oder irre ich mich?«

»Herr Direktor, Ronny und ich haben bereits genug Porzellan zerschlagen. Wir beide tragen die Konsequenzen und niemand sonst«, gibt sich nun auch Dirk geschlagen.

Der Direktor greift zum Telefonhörer. »Dann ist es an der Zeit, die Polizei zu verständigen.«

»Nein, Herr Direktor«, meldet sich Pythagoras zu Wort. »Was passiert ist, geht zwar weit über einen Dummenjungenstreich hinaus, aber ich möchte den beiden nicht ihre Zukunft verbauen. Ich nehme die Entschuldigung an, jedoch nur unter einer Bedingung, dass sie auch Doreen um Verzeihung bitten, und zwar vor allen versammelten Schülern in unserer Aula. Das, finde ich, ist eine angemessene Strafe und wird den beiden ihr Leben lang eine Lehre sein. Danach ist für mich die Angelegenheit vom Tisch.«

Noch am gleichen Tag wird die Bedingung von Pythagoras erfüllt. Ronny und Dirk treten den Canossagang an. Natürlich weiß jeder, wer der Computerfreak ist.

Der Direktor spricht ebenfalls zu seinen Schülern, bittet sie dieses fatale Video sofort von ihren Handys, PCs und Laptops zu löschen, wird sich selbst bei sämtlichen sozialen Medien darum kümmern, dass es nicht noch weitere Verbreitung findet. Und er ersucht die Jugendlichen keinerlei Animositäten gegen Ronny, Dirk und den Nerd zu hegen, schließt seine Rede mit den Worten Mahatma Gandhis: »Der Schwache kann nicht verzeihen. Verzeihen ist eine Eigenschaft des Starken.«

Etwas Gutes hat dennoch diese Geschichte. Pythagoras ist wie ausgewechselt. Nicht mehr der sture, unnachgiebige Pauker. Ja, er kann sogar scherzen und lachen!

Doreen hat eine Zwei geschafft, selbst die verhasste Vektorenrechnung schaffte sie. Ihrer Versetzung steht nichts mehr im Wege.

Ann-Kathrin hat fürchterliche Angst, Doreen unter die Augen zu treten. Doch ihre Freundin sagt nur: »Schwamm drüber, denk' an Gandhi.«

Sylke Tannhäuser

Wolke Sieben mit Hindernissen

Fabian balancierte die Schüssel mit dem Pudding in das Wohnzimmer seiner Großeltern.

»Setz dich, Junge.« Opa zeigte auf den Sessel neben dem Sofa. »Was willst du denn mal werden?«

»Ersten erwachsen und zweitens reich«, erwiderte Fabian und fing an, den Pudding zu löffeln. Es war ein stets wiederkehrendes Spiel, wenn er seine Großeltern besuchte. Opa wollte wissen, wie er sich seine Zukunft vorstellte, und Oma wunderte sich, wie groß er seit ihrem letzten Treffen geworden war. Danach servierte sie ihm ihren genial schmeckenden Vanillepudding.

Eine Zeitlang hatten ihn die sich immer wiederholenden Fragen genervt, aber seitdem er Stress mit Dad hatte, ging er wieder gern zu seinen Großeltern. Die hatten wenigstens Zeit für ihn und schrieben ihm nie vor, wie er sich zu verhalten hatte. Dad unterrichtete an einem Gymnasium Chemie und Biologie, und logisch, dass er sich als Lehrer in Erziehungsdingen auskannte, allerdings schien es für ihn seit Mamas Tod nur Bestrafungen zu geben.

Vorletztes Wochenende zum Beispiel. Da hatte Fabian zu Sören ziehen wollen, der eine sturmfreie Bude hatte, weil sich seine Eltern derzeit in Paris vergnügten. Eine super Chance, da konnten sie in Ruhe testen, wie viel Absinth man trinken musste, ehe man ins Koma fiel.

Dad hatte es natürlich verboten, dieser Spielverderber. Dabei war auch er mal jung gewesen, im Pleistozän vermutlich. »Ihr sauft euch nur den Verstand aus dem Kopf«, hatte Dad gemeckert und ihm eine Woche Stubenarrest angedroht, für den Fall, dass er nicht gehorchen würde. Er war trotzdem zu Sören gegangen, und natürlich hatten sie Alkohol getrunken. Und geraucht.

Alles im Leben passiert aus einem bestimmten Grund, hatte Mom oft gesagt, bevor sie gestorben war. Das mochte auf vieles zutreffen, nur nicht, wenn man betrunken war. Dann geschahen Dinge einfach so, man konnte sie gar nicht verhindern. Fabian hatte auf den Teppich von Sörens Eltern gekotzt, die Rechnung für die Reinigung war bei Dad gelandet.

Den Stubenarrest hatte Fabian mit links abgesessen, darin hatte er Erfahrung. Es war die übliche Strafe, wenn er frech war. Oder sein Zimmer nicht aufgeräumt hatte. Oder schlechte Zensuren bekam. Das mit den Schulnoten hatte sich erst gebessert, seit Nele in seiner Klasse lernte. Sie war hängengeblieben, also ein Jahr älter als die anderen Mädchen, und im

Vergleich zu ihnen wirkte sie richtig erwachsen. Er bekam jedes Mal einen trockenen Mund, wenn er sie sah.

»Holt dich Papa nachher ab?«

Opas Frage schreckte Fabian auf. Dad und ihn abholen? Bloß das nicht. Er hatte mit Sören ausgemacht, dass sie am Abend in den Nachbarort fahren. Dort war der geilste Klub der Gegend, und heute legten die SchweinedizkoBanger auf. Die hießen so, weil die DJs Schweinemasken trugen. Wie Cro, der Sänger, nur dass der sich mit einem Pandakopf tarnte.

Opa schien keine Antwort zu erwarten, denn er fragte nicht weiter, sondern füllte den vor ihm stehenden Porzellanpott mit einem Tee, der wie verdorrtes Gras aussah und nach alten Socken roch. »Wenn du willst, kannst du bei uns übernachten.« Er tat eine hellblaue Tablette in die Tasse.

»Was nimmst du da?«, wollte Fabian wissen.

»Ein Mittelchen für Oma. Aber verrate es deinem Vater nicht.«

»Wieso für Oma?«

»Das verstehst du noch nicht, Junge.«

»Ich bin vierzehn.«

Opa schaute ihn mit hochgezogenen Augenbrauen an. »Wirklich? Aber gut, du hast ja recht. Weißt du Junge, deine Oma ist eine tolle Frau, die beste für mich, und ich will, dass sie glücklich ist. Das klappt nicht immer, ich bin ja nicht mehr der Jüngste. Also nehme ich die Pillen, die machen alte Kerle wie mich scharf.«

»Schon gut«, entgegnete Fabian schnell, während er spürte, wie ihm das Blut in die Wangen schoss. Seine Großeltern waren uralt, und nie im Leben hätte er vermutet, dass sie noch Sex hatten. Allein der Gedanke daran – igittigitt.

»Hast du eigentlich schon eine süße Freundin?«, wollte Opa unvermittelt wissen.

Hatte er? Nein, er hatte nicht und schüttelte den Kopf.

»Das wird schon noch. Früher, als ich in deinem Alter war …«

Während Opa in der Vergangenheit schwelgte, dachte Fabian erneut an Nele. In der Schule saß sie eine Bankreihe vor ihm, und jeden Tag saugte sich sein Blick an ihrem Hinterkopf fest. Meistens trug sie die blonden Haare zu einem Knubbel zusammengerollt, der in der Sonne rötlich schimmerte, und wenn es geregnet hatte, kringelten sich ein paar Locken in ihrem Nacken. Keine Frage, sie war das hübscheste Mädchen, das er kannte. Liebend gern würde er sich außerhalb der Schule mit ihr treffen, doch bis jetzt hatte er sich nie getraut, sie daraufhin anzusprechen. Immer, wenn er dazu bereit war, kam etwas dazwischen: die Schulklingel, Neles Freundin Sara oder Sören, der sich damit brüstete, schon mit zwei Mädchen geknutscht zu haben.

Er hatte Dad gefragt, wie das so ist mit dem Sex. Theoretisch wusste er aus dem Biounterricht schon Bescheid, und außerdem hatte er heimlich nachts im Fernsehen auf Kanal *69 live* einen Pornofilm gesehen.

Geblieben waren trotzdem jede Menge Fragen, vor allem, was er tun sollte, wenn er im entscheidenden Moment keinen hoch kriegte. Doch darüber hatte er von Dad nichts erfahren. Natürlich könnte er Opa fragen, der würde bestimmt Klartext reden, aber schon bei der Vorstellung von Details aus dem Liebesleben seiner Großeltern schüttelte Fabian sich.

Opa war mittlerweile eingeschlafen und schnarchte leise vor sich hin. Fabians Blick fiel auf die Tablettenschachtel. *Die machen scharf*, hatte Opa gesagt. Wie automatisch ließ er die Packung in die Hosentasche gleiten.

Die altmodische Standuhr im Wohnzimmer schlug siebenmal. Es war Zeit für ihn, nach Hause zu gehen und sich in Schale zu schmeißen.

Kaum zu Hause angekommen, verzog er sich in sein Zimmer. Vor dem Kleiderschrank überlegte er, was er anziehen sollte.

Von allen Schülern seiner Klasse war er der kleinste, und im Hemd wirkte er wie ein Milchreisbubi. Ein kurzärmliges Shirt wäre besser, doch als er es übergezogen hatte, entschied er sich dagegen. Obwohl er täglich mit 2-Kilo-Hanteln trainierte, wollten sich bei ihm einfach keine dicken Muskeln an den Oberarmen bilden. Nach wie vor sah er dünn und viel zu jung aus.

In den Klub aber kam man ohne einen Erwachsenen im Schlepptau erst ab sechzehn rein. Dumme Sache, klar, aber nicht zu ändern. Für Sören war das kein Problem, im Hinblick auf seine Person sah Fabian jedoch schwarz.

Er seufzte, dann durchfuhr es ihn unvermittelt. Schwarz, genau. Dass er daran noch nicht gedacht hatte!

Schwarze Kleidung macht alt, sagte Oma immer. Deshalb trug sie beige, aber für ihn war schwarz genau das Richtige.

Sören wartete bereits an der Bushaltestelle. Während der Fahrt hörte Fabian kaum auf das, was der Freund erzählte, zu sehr war er in Gedanken bei Nele.

Im Nachbarort stiegen sie aus und reihten sich in die Schlange der vor der Diskothek Wartenden ein. Weit vor ihnen sah Fabian Neles Haare leuchten. Sie war mit ihrem Bruder Kai da, einem stiernackigen Vollpfosten von neunzehn Jahren, der sie manchmal mit seinem röhrenden Golf von der Schule abholte.

Langsam schoben sie sich in Richtung Eingang vor. Fabian stellte sich auf die Zehenspitzen, um größer zu wirken, doch als sie endlich an der Reihe waren, winkte der dicke Typ vom Einlassdienst zwar Sören durch, ihn jedoch ließ er nicht vorbei. »Zu jung.«

Als Fabian zu diskutieren begann, wollte er seinen Personalausweis sehen. Damit war die Sache endgültig gestorben.

Wütend verzog Fabian sich um die Ecke des Gebäudes und grübelte, wie er den Türsteher herumkriegen könnte.

Sein Blick fiel auf das Toilettenfenster, es war angelehnt.

Abschätzend musterte er den Sims in anderthalb Meter Höhe. Mit dem richtigen Schwung könnte es vielleicht gelingen, das Fenster aufzustoßen und einzusteigen.

Er nahm Anlauf und sprang, bekam das Fensterbrett zu fassen und zog sich daran hoch. Einmal oben, schob er seinen Oberkörper voran, stemmte sich über den Rahmen und drehte sich auf den Bauch, um mit den Beinen zuerst ins Innere zu kommen. Er landete auf einem Toilettenbecken. Es wackelte und knackte mörderisch, doch immerhin hielt es ihn aus. Als er sich abstützen wollte, betätigte er unbeabsichtigt die Spülung.

Erschrocken lauschte er, doch als alles ruhig blieb, stieg er von dem Becken herunter, zog sein Sweatshirt glatt und öffnete die Tür.

Ein Junge kam ihm entgegen und grinste.

Fabian grinste zurück und drückte sich seitlich an ihm vorbei in den Saal. Es war dämmrig, und er brauchte einige Sekunden, ehe er sich orientiert hatte.

Auf dem Dancefloor zappelten ein paar Gestalten zum Takt der Musik, Sören war nicht dabei.

Suchend schaute Fabian sich um, bis er an der Bar Nele entdeckte, die an einer Cola nippte. Neben ihr stand Kai, der seine Schwester nicht aus den Augen zu lassen schien.

Fabian stellte sich dazu. »Hi.«

»Verpiss dich, du Wichser«, knurrte Kai.

»Lass ihn, er geht in meine Klasse.« Nele lächelte und drückte Fabian ihr Glas in die Hand.

Kai beugte sich zu ihm hinüber. »Mitschüler, ja? Du Wichser lässt sie in Ruhe, sonst knallt's, klar?«

Damit stand fest, dass Fabian auf diese Art nicht weiterkam. Er musste Nele allein sprechen, und dazu musste Kai aus dem Weg. Aber wie? Seine Finger schlossen sich um den Geldschein in seiner Hosentasche. Wenn er den Proll abfüllen würde, hätte er vielleicht eine Chance. Fürs erste bestellte er zwei Cola und ein Bier.

»Für dich.« Er schob Kai die Bierflasche zu.

Auf ex trank Kai sie aus und rülpste. »Ich muss aufs Klo. Nur damit das klar ist, wenn du Nele anfasst, findest du dich auf dem Friedhof wieder.«

Fabian nickte und orderte für Kai einen Jägermeisterschnaps. Als er in der Tasche nach seinem Geld tastete, stieß er auf Opas Tabletten.

Das war die Lösung. Nicht er, sondern der Proll musste scharf gemacht werden. Hormongeladen wie dieser Idiot war, würde er sich eine Braut suchen. Dann wäre er aus dem Weg, und Fabian könnte endlich mit Nele reden.

Als Nele nicht hinschaute, ließ er eine Pille in Kais Glas verschwinden. Nach kurzem Überlegen fügte er eine zweite hinzu. Er hatte gerade noch Zeit, die Packung wieder in die Tasche zu stecken, als er Kai auf sich zukommen sah.

»Habe ich dich, Freundchen.« Mit einem Ruck wurde Fabian herumgerissen. Vor ihm stand der Dicke vom Einlass mit einem Blick, der nichts Gutes verhieß. »Mitkommen, und dann raus mit dir.«

Verdammt, nicht jetzt! Verzweifelt versuchte Fabian, sich aus dem Griff des Mannes zu befreien, doch der hielt ihn gepackt und schleifte ihn in Richtung Ausgangstür. Ein letztes Mal schaute Fabian zurück und erstarrte. Nele hielt Kais Schnapsglas in der Hand.

»Nein«, schrie Fabian, aber seine Stimme ging im Lärm der Musik unter. Nele trank, und er konnte nichts dagegen tun.

Der Türsteher stieß ihn ins Freie, und Fabian fand sich auf dem Platz vor dem Klub wieder. In seinem Hals hockte ein dicker Kloß.

Das Wochenende zog sich endlos dahin. Einerseits konnte es Fabian kaum erwarten, in die Schule zu gehen, andererseits hatte er aber auch Angst, dass Nele ihn wegen des Rausschmisses auslachen würde. Noch mehr Angst hatte er allerdings davor, dass sie erfahren könnte, was er getan hatte.

Der Montag kam, und Fabians Sorgen waren unbegründet, denn Nele kam nicht zum Unterricht. »Weißt du, was mit ihr ist«, fragte er Sara und gab sich Mühe, gleichgültig zu gucken.

»Sie ist im Krankenhaus.«

Augenblicklich meldete sich der Kloß in seinem Hals zurück. »Was hat sie denn?«

»Eine Magengeschichte, Genaues weiß ich auch nicht.«

Fabian wurde es abwechselnd heiß und kalt. Er hätte heulen können. Wortlos ging er zu seinem Platz zurück.

Am Nachmittag machte er sich in die Klinik auf, um Nele zu besuchen. Vor ihrem Zimmer zögerte er, doch dann fasste er sich ein Herz und trat ein. Nele schlief, ihr Gesicht war genauso weiß wie das Kissen, auf dem sie lag. Sie wirkte sehr verletzlich. Wie ein kleines Vogeljunges, das aus dem Nest gefallen war.

Kai kam herein und legte einen Strauß Tulpen auf Neles Bett. In Fabians Richtung murmelte er: »Hi, du Wichser, du Klassenkamerad.«

»Es steht nicht gut um sie, oder?«

»Irgendein Schwein hat ihr Drogen verabreicht. Kaum waren wir in der Nacht vom Freitag zum Samstag zu Hause angekommen, ist sie zusammengebrochen. Die Ärzte konnten sie retten, doch es war knapp. Eine Stunde später, und sie wäre gestorben.«

»Drogen?« Fabian hörte selbst, dass seine Stimme zitterte und räusperte sich. Er hatte doch nur zwei Viagra in das Schnapsglas getan.

»Ich habe der Polizei einen kleinen Tipp gegeben, daraufhin wurde gestern der Klub durchsucht. Die Bullen haben jede Menge Crystal und Ecstasy gefunden«, sagte Kai. »Daraufhin hat der mistige Barkeeper gestanden, dass er das Drecksveug regelmäßig in die Drinks gemischt hat.«

Fabian konnte sich denken, warum der Keeper die Getränke gestreckt hatte. Wer auf Droge war, hat gar nicht gemerkt, dass er viel zu viel bezahlen musste.«

Nele stöhnte, ihre Lider flatterten, dann schlug sie die Augen auf. »Du?«, fragte sie, als sie Fabian erkannte.

»Ich wollte mich nur davon überzeugen, dass es dir gut geht.«

Ein leichtes Rot breitete sich auf Neles Wangen aus, und als sie die Augen wieder schloss, lächelte sie.

»Sie scheint dich zu mögen, Wichser.« Kai boxte Fabian auf den Oberarm. und obwohl sich Fabians Schulter danach anfühlte, als wäre sie unter einen Elefantenfuß geraten, war ihm leicht zumute. Selbst der Name, den Kai ihm verpasst hatte, störte ihn nicht mehr. Das Leben war Bombe, so viel stand fest, und wenn es nach ihm ging, könnte es ewig so weiterlaufen.

Er schaute zu Nele und beschloss, ihr eine große Schüssel von Omas Superpudding mitzubringen. Als Entschädigung, gewissermaßen, und überhaupt.

Uwe Schimunek

Der Andere

Das Gitarrengewitter donnert los, die Bassdrum kickt, als würde mir jemand in die Magengrube treten. Ja. Ich singe: I wanna live fast ... I wanna die young ... babe ... Noch mehr Gitarren, Groove in 180 Beats per Minute.

Das Adrenalin steigt in mir hoch, pumpt mir den Brustkorb auf. Ich komme mir vor wie ein Tier, ein Gorilla vielleicht. Soll ich mir auf die Brust klopfen? Ist das Feeling oder nur das Koks?

Der Break auf der Snaredrum. Was soll das denn? Ich rufe: Aus, aus, aus!

Die Band hört auf. Stille. Wenigstens das.

Wieso kann Harvey nicht einmal ordentliche Mugger auftreiben? Wie heißt dieser Arsch am Schlagzeug gleich wieder? Egal.

Ich rufe: Drummer! Ey, du Arsch! Mach meinen schönen Song nicht kaputt! Wenn du Trommelwirbel machen willst, geh zum Zirkus!

Jetzt gucken die alle wie Hasen. Was für Scheißer,

Hosen voll bis zum Gürtel, tolle Rocker. Nur die doofe Braut am Bass grinst. Wie heißt die gleich? Egal.

Ich rufe: Schraub das doofe Grinsen aus der Fresse, Basser. Oder willst du deine Titten wieder zum Sozialamt schleppen?

Wieso ist hier eigentlich 'ne Alte? Da poppt die ganze Bagage auf der Tour bloß wieder rum. Und ich muss aufpassen, dass die pünktlich on stage sind, die Scheißer.

Hab ich das mit dem Poppen jetzt gesagt, oder bloß gedacht? Egal. Die sollen hier keinen Urlaub machen. Das ist 'ne Rockband und keine Animationstruppe in Disneyland.

Ich sage: Na was denn? Fangen die Damen und Herren Musiker noch mal an? Oder wollt ihr erst noch 'nen Gebetskreis abhalten? Anzählen, Drummer! Los!

Die gehorchen wie die Dackel. Da hat Harvey mir 'ne schöne Truppe gecastet. Wahrscheinlich stopft der die mit Kohle voll, dass es denen die Jeans in die Kniekehlen zieht, wenn die hier raus gehen.

Ich singe: I just wanna fuck … the bitch on bass … yeah…

Die Braut guckt weg. Spielt ihren Lauf wie eine Maschine. Ihr Blick geht zum Keyboarder. Na klar. Nur Poppen im Kopf, die Pisser.

Ich mach den Abgang.

Die spielen weiter. Ha. Ich bin der King Of Dancerock, die brauchen mich. Die werden erst merken, wie sehr, wenn sie mich nicht mehr haben.

Gleich ist es soweit. Ich darf meine Bestimmung erfüllen. Meine Handflächen sind feucht und meine Finger … wie sie zittern. Was für ein Gefühl. Ich bin so aufgeregt. Wenn ER jetzt da wäre, würde ich ihn umarmen wollen.

Frau Dr. Bennet hat mich die ganzen Wochen auf diesen Augenblick vorbereitet. Aber ich hätte nicht gedacht, dass es mich so aufwühlt. Vielleicht ist es auch nur, weil ich zum ersten Mal die Klinik verlassen habe.

Hier in diesem Zimmer ist alles so weit, so groß.

ER wohnt hier ganz alleine. Kaum zu glauben.

Ich darf mich nicht ablenken lassen. Dort auf dem Glastisch liegt die Pistole. Meine Tür zum Paradies.

Die Waffe ist schwer. Ich habe diese Pistole oft an meinen Kopf gehalten und mich jedes Mal über das Gewicht gewundert.

Mit Dr. Bennet habe ich geübt, wie ich schießen muss. In die rechte Schläfe. Und schräg halten. So schräg, dass ich mit dem linken Auge den Pistolengriff in meiner Hand sehen kann. So wird das ein sauberer Schuss. Ich möchte schließlich ins Paradies kommen und nicht zu den Menschen mit besonderen Begabungen in unserer Klinik.

Die Tür geht auf. ER kommt herein…

ER sieht alt aus. Viel älter, als ich erwartet habe. Diese Augenringe und die Wangen hängen nach unten, wie die Handtücher in meinem Bad. Dabei müsste ER genauso aussehen wie ich. Dr. Bennet hat mir deswegen die ganzen Wochen diese Medikamente gegeben. Damit ich aussehe, als würde ich schon 42 Jahre leben. Als hätten sich meine Zellen die vielen Jahre entwickelt, geteilt und vermehrt.

ER ist viel dünner als ich. Dürr. SEINE Pupillen sind so winzig …

ER hat bestimmt viel durchgemacht in diesen vier Jahrzehnten.

Mir kommt ein Gedanke. Wäre das nicht ein viel größeres Opfer … wenn ich IHN ins Paradies ließe? Ja. Ich darf nicht nur an mich denken.

ER ist stehengeblieben. Neben dem Regal, das den Raum teilt. Ich gehe zwei Schritte auf IHN zu. Keine drei, vier Meter mehr. Ich richtete die Pistole auf IHN. Drücke ab.

Das war ja klar, dass diese Scheiße nicht funktioniert. Dieser ganze Mist, den diese Bennet mir versprochen hat … Diese Kacke, dass alles ganz einfach geht: Einen Klon züchten, ein paar Wochen mit Wachstumstreibern vollpumpen, ihm gleichzeitig die Birne weichmachen, mit ,Himmel nach dem Tod, Erlösung' und so. Und schon stellt der sich in mein Wohnzimmer, ballert sich die Rübe weg, und ich bin frei. Kann mich auf diese Südseeinsel verpissen, Kohle verprassen und den unsterblichen Ruhm genießen.

Eine Scheiße macht der. Der zielt mit der Wumme auf mich, der Wichser. Überhaupt, das soll ein Klon von mir sein? Der sieht aus wie eine schwule Karikatur vom King Of Dancerock. Glotzt wie 'n Fisch,

Pausbacken … so würde ich vielleicht aussehen, wenn ich mein ganzes Leben Tag und Nacht Schönheitsschlaf mit Gurken auf der Larve gemacht hätte. Wie so'n Biofreak.

Aber Harvey hat gesagt, dass meine Leiche clean sein muss wie 'n Baby, wegen der Versicherung. Die zahlt den Tour-Ausfall nur voll, wenn ich mich nüchtern wegballere. Wie diese Versicherungsfritzen drauf sind … Sitzen in ihren Büros, haben dicke Muttis daheim. In die würde nicht mal ein Soldat nach fünf Jahren Gefangenenlager sein Ding hängen. Ist ja klar, dass die einem nicht mal 'nen Trip gönnen. Diese Wichser. Nun kriegen sie den da. Der hat auch noch nie gepoppt. Und so wie der aussieht, würde das auch in den nächsten Jahren nicht klappen.

Und mit der Knarre kann der machen, was er will. Ha. Ich wusste schon, warum ich mir die Sache erstmal angucken wollte. Und die Kugeln rausgenommen habe.

Ha. Jetzt drückt er ab. Klack. Scheiße war's, Wichser.

Ich greife in das Regal neben mir. Da liegt meine kleine Beretta. Zum Glück hab ich die vorsichtshalber zurechtgelegt. Dann puste ich den Wichser eben weg.

Und wie der sich bewegt. Wie 'n Spasti. Tappt auf mich zu, als müsste er die Laufrichtung bei jedem Schritt nachjustieren. Das ist gut, ich lass den noch 'n bisschen rankommen. Muss ja aussehen, als hätte der sich selber weggeblasen. Ja, Wichser, noch einen Schritt. Fall mir jetzt bloß nicht hin, so kurz vorm Ziel.

Gut so. Ich nehme die Knarre hoch.

ER hat auch eine Pistole. Hat ER vielleicht die ganzen Jahre die Erlösung gewollt? Sucht ER den Weg ins Paradies? Und weiß es noch nicht?

Ich muss IHM helfen. Ich gehe los. Auf IHN zu.

ER sieht so müde aus. Ganz bestimmt mache ich das Richtige.

ER hebt die Pistole hoch. Ich stehe direkt vor IHM … ergreife SEINE Hand mit der Waffe. Ich spüre Widerstand. ER traut sich immer noch nicht.

Ich sage: Du musst keine Angst haben, es geht ganz schnell.

ER ruft: Ey, du Wichser!

Was bedeutet das? ER hat es fast geschrien. Sicher nur die Angst.

Ich fasse SEINE Hand fester … bin viel kräftiger als ER. So, die Pistole hat eine gute Position. Ich drücke SEINEN Zeigefinger gegen den Abzug.

Es kracht.

Aus SEINEM Kopf spritzt eine Fontäne, dunkel, rot. Die Flüssigkeit landet am Fenster.

In den ausklingenden Schuss mischt sich ein Geräusch. Es klingt, als würde die Putzfrau in der Klinik ihren Wischlappen auf die Fliesen klatschen.

SEIN Körper schlägt auf dem Boden auf. SEINE Beine zucken, als würden sie Elektroschocks bekommen.

So sieht der Weg ins Paradies aus? Das hab ich mir anders vorgestellt. Friedlicher …

Die Tür geht auf.

Mr. Harvey und Dr. Bennet kommen herein.

Mr. Harvey ruft: Ach du Scheiße.

Dr. Bennet sagt: Oh Gott.

Die beiden sehen nicht so aus, als würden sie sich freuen. Ich hab es doch nur gut gemeint.

Ich sage: Er ist im Paradies.

Dr. Bennet sagt: Sei bitte still.

Sie klingt traurig. Hab ich etwas falsch gemacht?

Mr. Harvey fragt: Was machen wir jetzt mit dieser Scheiße. Knallen wir den da auch ab?

Dr. Bennet sagt: Sehr riskant. Ich bin ja keine Forensikerin, aber die könnten bei den Untersuchungen merken, dass es zwei Leichen gab. Und der ganze Matsch an der Wand ... Da lässt sich bestimmt der Drogenkonsum nachweisen.

Mr. Harvey sagt: Scheiße.

Die reden über mich. Und über IHN. Sie sehen sehr verzweifelt aus. Bin ich daran schuld?

Ich frage: Kann ich Ihnen helfen?

Jetzt schauen sie zu mir.

Mr. Harvey kneift seine Augen zusammen, kommt auf mich zu. Er fasst mein Kinn an, dreht meinen Kopf nach links und rechts. Mr. Harvey sagt: Ja ... warum eigentlich nicht ... doch, du könntest mir helfen.

Dr. Bennet sagt: Das können Sie nicht machen! Das lasse ich nicht zu!

Ich verstehe kein Wort.

Was kann Mr. Harvey nicht machen? Und warum nicht?

Mr. Harvey sagt: Halten Sie die Klappe. Er hat das

laut gesagt. Es klang, als sei er böse auf Dr. Bennet.

Mr. Harvey sagt: Du müsstest singen … Und die Haare gehen so auch nicht…

Jetzt klingt Mr. Harvey wieder nett. Ich singe ganz gerne. Das wäre kein Problem. Und mit den Haaren … da weiß Mr. Harvey bestimmt besser Bescheid.

Dr. Bennet schaut mich an, als habe sie vor etwas Angst.

Mir fällt noch etwas ganz Anderes ein. Auweia, das macht mir Sorgen. Ich frage: Wie ist das mit dem Paradies? Ich meine, komme ich noch hin?

Mr. Harvey sagt: Natürlich. Nicht gleich. Sowas muss man sich verdienen. Aber wenn du dich bemühst …

Dr. Bennet sagt: Hören Sie auf damit.

Dabei hätte ich das gerne noch gehört.

Dr. Bennet sagt: Was ist, wenn er es nicht schafft? Mental und physisch?

Mr. Harvey sagt: Stimmt. Das hab ich noch gar nicht bedacht. Sie haben noch mal das gleiche Budget. Fangen Sie von vorne an. Doppelt hält besser.

Das hab ich schon wieder nicht verstanden. Dr. Bennet sieht aus, als wolle sie noch etwas sagen. Mr. Harvey hebt die Hand, Dr. Bennet lässt den Kopf sinken, schaut mich traurig an. Mr. Harvey lächelt ihr zu, dann mir.

Mr. Harvey sagt: Komm, wir gehen zum Frisör. So sieht doch kein King Of Dancerock aus. Du kannst nachher wieder zu Frau Doktor.

Mr. Harvey winkt mir zu.

Ich gehe zu ihm, an Dr. Bennet vorbei. Da draußen gibt's bestimmt eine Menge zu sehen. Das mit dem Paradies hat Zeit.

Und was zur Hölle ist ein Frisör?

Wolfgang Schüler

Die braune Flut

Ich werde dir´s gedenken, zweifle nicht!
Shakespeare, Antonius und Cleopatra, III, 7

Pirna

In den ersten Augusttagen des Jahres 2002 lösten
starke Regenfälle in den Alpen, im Erzgebirge und im
Riesengebirge sowie in den angrenzenden Gebieten
große Überschwemmungen aus.

Für das Wochenende vom 9. bis 11. August 2002
war von den Meteorologen eine weitere Schlecht-
wetterfront vorausgesagt worden. Im mittleren und
östlichen Erzgebirge geriet die Situation bald völlig
außer Kontrolle, weil der Boden die gewaltigen
Niederschlagsmengen nicht mehr aufnehmen konnte.
Dutzende Flüsse schwollen auf das Mehrfache ihrer
normalen Breite an. Sie rissen komplette Brücken
weg, unterspülten Straßen und überschwemmten
ganze Ortschaften. In der im Osterzgebirge gelegenen
Kreisstadt Pirna, die auch das *Tor zur Sächsischen*

Schweiz genannt wird, traten am 12. August 2002 die Flüsse Gottleuba und Seidewitz über die Ufer und überfluteten Teile der Stadt. Um 17 Uhr wurde Katastrophenalarm ausgelöst. Um 19:30 Uhr fielen die komplette Stromversorgung und das gesamte Telefonnetz aus. Viele Gebäude standen bis zur ersten Etage unter Wasser. Aber der Schrecken war noch längst nicht zu Ende. Er hatte erst angefangen.

Am 15. August durchbrach die Elbe einen Schutzwall und ergoss sich als braune Brühe in die Altstadt. Erst nach mehreren Tagen ging die Flut zurück. Der Gesamtschaden belief sich am Ende auf über 175 Millionen Euro. Es gab mehrere Tote.

Die 17jährige Rhia war 1,65 Meter groß und wog 55 Kilogramm. Ihre zu Dreadlocks verfilzten schulterlangen Haare hatte sie zur einen Hälfte pechschwarz und zur anderen Hälfte knallrot gefärbt. Ihre Schläfen waren ausrasiert. An ihrem mageren Körper trug sie zwanzig Piercings, davon je zwei an jedem Nasenflügel, an beiden Brustwarzen und an ihrer Scheide, den Rest an den Ohrläppchen.

Rhia war ein Streunerkind. Mit ihren Eltern hatte es ständig Zoff gegeben. Seit zwei Jahre lebte sie in Berlin auf der Straße. Sie hatte nur einen einzigen Freund, ihren grauen Mischlingshund Tiger. Tiger hörte ihr immer zu, wenn sie mit ihm redete. Er versuchte sie stets zu trösten, sobald er bemerkte, dass sie Kummer hatte. Außerdem konnte er auf den Hinterbeinen tanzen und durch einen Reifen springen.

Das half Rhia beim Schnorren. Auf der Straße zu leben war ein harter Job.

Rhia musste ständig auf der Hut sein. Es gab Revierkämpfe. Sie wurde herumgeschubst und sammelte Asphalttätowierungen. Schmarotzer versuchten, sie reinzulegen. Bullen drangsalierten sie. Gutmenschen, die zu geizig waren, auch nur einen einzigen Cent herauszurücken, hielten ihr lange Vorträge. Keimige Bratzen heuerten sie für einen Fick an und versuchten, sich anschließend zu verpissen, ohne ordentlich zu löhnen.

Die letzte Nacht war eine Katastrophe gewesen. Noch um Mitternacht hatte eine drückende Hitze über der Stadt gelegen. Überall im Freien wurden Partys gefeiert.

Rhia hatte im Monbijou-Park mit einigen Honks etliche Tüten gedreht, mehrere Pullen Pennerglück geleert und am Schluss auch noch einige Pillen geschmissen. Vor allem das Letztere hätte sie nicht tun sollen. Was danach geschah, versank in einem bunten Wirbel aus Schemen und Geräuschen. Ab und an gab es einen kurzen Lichtblick: Sie befand sich auf einem Bahnhof. *Flash.* Räder ratterten. *Flash.* Ein Mann in blauer Uniform sprach auf sie ein. Sie wurde aus dem Waggon gewiesen. *Flash.* Sie pinkelte mit heruntergelassener Hose auf einen Bahnsteig, während Menschen um sie herumwuselten. *Flash.* Sie öffnete die Tür von einem anderen Zug und stieg ein. *Flash.* Sie hockte in einem Abort und hielt die Kloschüssel umklammert. *Flash.*

Auf diese letzten halbwegs klaren Bilder folgte nur noch gequirlte Moppelkotze. Nun stand sie vor einem völlig fremden Bahnhofsgebäude und blinzelte ins grelle Licht.

Rhia las das Schild. Darauf stand *Pirna*. Sie hatte nicht die geringste Ahnung, wo dieser Ort lag, und wie sie letztendlich hierhergekommen war.

In ihrem Magen herrschte Revolution. Ihr stand kalter Schweiß auf der Stirn, und sie drohte jeden Moment ohnmächtig zu werden. Glücklicherweise war Tiger bei ihr und beschützte sie. Und ihren Rucksack hatte sie auch noch. Darin befand sich ihr wertvollstes Besitzstück. Es war eine Schneekugel mit einer strahlenden Ballerina in einem Rüschenkleid, die auf den Zehenspitzen stand und die Arme elegant in die Luft hob. Eine Ballerina, wie sie selbst eine hatte werden wollen, als sie noch ein kleines Kind gewesen war. Die Schneekugel hatte Onkel Jürgen aus Schweden mitgebracht. Sie sollte ihr Mut machen, das harte Training in der Ballettschule durchzustehen. Es war ihr einziges Erinnerungsstück gewesen, das sie damals bei ihrer überstürzten Flucht nach dem großen Krach mit ihren Alten mitgenommen hatte.

Rhia wankte zu einer Bank. Sie musste sich setzen. Plötzlich verdunkelte ein Schatten die Sicht. Eine Stimme sprach: »Hey Torte, was geht ab, Mann? Du siehst echt scheiße aus. Übelst ungeil, sozusagen. Wenn du willst, komm mit mir mit. Ich habe eine coole Bude in der Nähe. Da kannst du in aller Ruhe abmatten.«

Rhia erhob sich. Die Erde schwankte leicht. Tiger knurrte ganz entgegen seiner sonstigen Art. Das Mädchen erkannte auch, warum: Der Typ vor ihr war eine Nazischwuchtel und steckte in Schnellfickerhosen. Aber manchmal musste man auch an das Gute im Menschen glauben.

Rhia erwachte durch einen scharfen Schmerz. Jemand hatte eine glühende Zigarette an ihrem Hals ausgedrückt. Sie schrie voller Panik.

Rhia konnte nur ihren Kopf bewegen, weil sie nackt war und mit gespreizten Armen und Beinen an ein Bett gefesselt worden war. Dünne Drähte schnitten schmerzhaft in ihre Gelenke. Über sich sah sie eine schimmelfleckige Zimmerdecke, an der große Putzbrocken fehlten. Sie wandte den Blick nach links und sah auf ein verdrecktes Fenster, vor dem eine halb abgerissene Gardine hing. Das Tageslicht fand nur mühsam seinen Weg herein.

Rhia drehte den Kopf und begann zu kreischen. Neben dem Bett hing Tiger an einem Haken an der Decke. In seinem toten Körper steckten Dutzende Dartpfeile.

»Los, du Hohlfrucht, stopf der Schlampe das Maul. Sonst schreit sie noch die ganze Stadt zusammen«, befahl eine Stimme.

Kurz darauf drückte ihr jemand einen dreckigen Lappen in den Mund.

»Die Wanderhure hat bestimmt Lochfraß. Also nicht ohne Überzieher ran, Kameraden!«

Rhia zählte insgesamt vier Typen, die nacheinander über sie herfielen. Sie konnte in ihre schwitzenden Gesichter sehen. Alle waren Anfang zwanzig. Drei von ihnen, darunter der vom Bahnhof, hatten Glatzen. Der vierte war ein blonder Typ mit Vokuhila-Frisur und ausrasierter Rotzbremse über der Oberlippe. Sie nahmen sie wie ein Stück Vieh. Noch vor dem Ende der ersten Runde war sie völlig wundgescheuert. Nach dem zweiten Durchgang merkte sie, wie ihr das Blut die Beine hinunterlief. In ihrem Inneren schien ein scharfes Messer zu wühlen.

Die vier Burschen hatten genug Spaß gehabt und ihre Hosen wieder hochgezogen. Sie hockten auf wackligen Stühlen im Kreis, tranken Bier und rauchten. Um ihr Opfer kümmerten sie sich nicht weiter.

Rhia tat so, als ob sie wieder ohnmächtig geworden wäre, folgte aber der Unterhaltung ihrer Peiniger genau. Nach einer Weile konnte sie den Gesichtern Namen zuordnen: Der Primat vom Bahnhof hieß Toby und arbeitete als Entbeiner auf dem Schlachthof. Maik und Sven waren Brüder und sahen aus wie Dick und Doof. Beide bezogen Stütze und wohnten noch bei ihren Eltern in der Copitzer Straße, wo sie sich das Kinderzimmer teilten. Der Blonde wurde von den anderen *Wessel* genannt, weil er mit Vornamen Horst hieß. Die Bruchbude, in der sie sich momentan aufhielten, hatte seinem Großvater gehört. Nun wohnte Horst hier und hielt die Kameradschaftstreffen ab. Die Gespräche drehten sich um die nationale Bewegung, die befreite Zone, Saufgelage, Punzen und das Klatschen von linken Zecken. Schließlich fragte Maik: »Was machen wir mit der Schlampe?«

Toby antwortete: »Sie hat ihren Spaß gehabt. Ich habe sie am Bahnhof aufgelesen. Ich bringe sie wieder dort ihn.«

»Was ist, wenn sie zu den Bullen geht?«, wollte Maik noch wissen.

»Nichts. Selbst ein Kripoarsch würde ihr kein Wort glauben.«

Horst meinte: »Ich habe einen besseren Vorschlag. Unten im Keller gibt es eine alte Sickergrube. In der Jauche schwimmen jede Menge tote Ratten. Da kommt es auf eine mehr oder weniger auch nicht an.« Dann erhob er sich schwankend. »Der Bölkstoff ist alle. Ich hole Nachschub.« Er riss eine Tür auf und wankte die Treppe hinunter.

Maik stand auf und klemmte einen Stuhl mit der Lehne unter die Türklinke der Kellertür, so dass sie sich nicht mehr öffnen ließ.

Kurz darauf pochte es. »Macht das verdammte Brett auf, ihr Siffpansen! Der Scheiß-Keller steht unter Wasser!«, ließ sich die gedämpfte Stimme von Horst vernehmen. Dann warf er sich mehrfach gegen die Kellertür, aber der Stuhl hielt stand. Seine Kumpels lachten.

Plötzlich schrie Sven: »Verdammte Scheiße, was ist das denn?« Er zeigte nach links. Aus dem Hausflur schoss Wasser in das Zimmer wie aus einem geplatzten Rohr.

»Nichts wie weg hier. Im Radio haben sie was von Hochwasser gesagt!«, brüllte Maik und rannte hinaus.

Toby wollte ihm folgen, hielt dann aber inne, kickte den Stuhl vor der Kellertür beiseite und riss sie auf. Von Horst war nichts mehr zu sehen. Stattdessen schwappte eine braune Welle auf Toby zu.

Rhia wand sich in ihren Fesseln. Es gelang ihr, den Knebel auszuspucken. Nun kreischte sie wie am Spieß.

Niemand kümmerte sich um sie. Sie war allein. Der Tod rückte näher. Um sie herum gluckerte es. Ihr Rücken wurde nass. Sie machte einen Buckel. Es half nichts. Die trübe Brühe stieg und stieg. Rhias Beine und der Bauch waren bereits überspült. Mit letzter Kraft reckte sie den Kopf und schrie und schrie und schrie. Dann lief ihr Wasser in den Mund. Sie verschluckte sich und musste husten. Das letzte, was sie sah, war ein Gesicht, das urplötzlich über ihr auftauchte.

Kriminalhauptkommissar Mathias Hollmann von der Polizeidirektion Oberes Elbtal-Osterzgebirge war schlank und sportlich. Er hatte ein schmales Gesicht und volles naturbraunes Haar. In der Kriminalinspektion gehörte er zum Dezernat 1. Es trug die Bezeichnung *Höchstpersönliche Rechtsgüter/Leben und Gesundheit.*

Mathias Hollmann befand sich am Ende eines absteigenden Astes. Er hatte eine DDR-Vergangenheit und war 62 Jahre alt. Das genügte, um ein Opfer der jüngsten Polizeireform im Freistaat Sachsen zu werden. Am 1. September 2002 würde er seinen Dienst quittieren müssen und gegen seinen Willen in den vorzeitigen Ruhestand geschickt werden. Anders als viele seiner Kollegen träumte er nicht davon, eine Bar aufzumachen oder sich ein Boot zu kaufen. Hollmann hatte nur ein einziges Hobby, und das war seine Arbeit. Er machte gern Überstunden. Seit seine Frau Ulrike vor drei Jahren gestorben war, hielt er es in der kalten Wohnung kaum noch aus. Er wusste nicht, was im Herbst aus ihm werden sollte. Er wollte nicht für einen miesen Stundenlohn als Objektschützer in einem Logistikzentrum enden.

Einige seiner Kollegen hatten ihren Abschied mit der Dienstwaffe eingereicht und sich ein Loch in den Kopf geschossen. Andere waren rücksichtsvoller gewesen und an einem Herzinfarkt gestorben.

Beide Optionen sagten ihm nicht sonderlich zu. Seit Tagen drehten sich seine Gedanken im Kreis und immer um dasselbe Thema. Nur mit Mühe konnte sich Hollmann noch auf seine Arbeit konzentrieren. Aber da er sich bereits auf dem Abstellgleis befand, spielte das keine große Rolle mehr.

KHK Hollmann stand im Klinikum Pirna in der Station VI am Krankenbett einer jungen Frau mit schwarz-rot gefärbtem Haar und ausrasierten Schläfen. Sie befand sich in äußerst schlechter Verfassung. Ein Feuerwehrmann hatte sie vor ein paar Tagen in letzter Sekunde aus einem überfluteten Haus in der

Dohnaischen Straße geholt, wo sie offensichtlich von ihrem in Panik geratenen Liebhaber am Ende harter Sexspiele im Stich gelassen worden war.

Es gab keinen Namen. Die junge Frau weigerte sich, zu sprechen. Da sie splitternackt gerettet worden war, hatte sie keine persönliche Habe bei sich gehabt.

Hollmann blätterte den Krankenbericht durch. Der las sich wie ein Kompendium der Grausamkeiten: Schürfwunden, Hämatome, Bissverletzungen, Prellungen, Kratzer, Brandwunden, Unterblutungen. Mehr als ein halbes Dutzend Piercings waren ihr gewaltsam aus der Nase, den Brustwarzen und dem Intimbereich herausgerissen worden. Mathias Hollmann überblätterte den Teil mit den inneren Verletzungen. Er hatte genug gelesen.

Da lag sie vor ihm, wie ein zartes Vögelchen, mit weißer Haut, unter der dünne blaue Adern sichtbar pochten. Wie pervers musste ihr Freund sein, um solch einem zerbrechlichen Wesen so viel Gewalt anzutun?

Horst Bretzler, dem das Haus in der Dohnaischen Straße gehörte, war allerdings kein Unbekannter. Eine ganze Reihe von Gewalt- und Trunkenheitsdelikten ging auf sein Konto. Außerdem war er der rechten Szene zuzuordnen.

Hollmann verfügte über gute Beziehungen zum Landeskriminalamt. Von der Abteilung 5, die für die Bekämpfung politisch motivierter Kriminalität im Freistaat Sachsen zuständig war, hatte er sich ein Dossier über die *Kameradschaft Wessel* besorgt. Insgesamt vier Namen und Adressen waren dort verzeichnet. Daher konnte man davon ausgehen, dass Horst Bretzlers malträtierte Freundin zu dem die Kameradschaft umgebenden Dunstkreis der *Nazinen* gehörte. Trotzdem hatte sie natürlich ein solches Schicksal nicht verdient.

Horst Bretzler war unauffindbar und konnte deshalb nicht befragt werden. Auch nach seinen Kameraden zu suchen, hatte keinen Sinn. In der Stadt herrschte das totale Chaos. Große Teile des Zentrums waren überflutet worden. Der Bahnhof stand komplett unter Wasser. Die Bundeswehr hatte schräg gegenüber vom Klinikum an der Struppener Straße auf dem Sonnenstein ein Zeltlager für Tausende Personen errichtet, die man hatte evakuieren müssen und die teilweise nur mit Schlauchbooten hatten gerettet werden können, während die braune Flut durch die Straßen geschossen war.

Hollmann sprach beruhigend auf die junge Frau ein. Sie starrte ihn aus ihren dunklen Augen regungslos an und sagte kein einziges Wort. Sie schien noch unter Schock zu stehen. Das war kein Wunder bei diesen traumatischen Erlebnissen. Der Arzt hatte ihm gesagt, es könne womöglich Wochen dauern, ehe sie sich wieder gefangen haben würde.

Seufzend stand Hollmann auf und ging. Die kurze Ablenkung war vorüber. Nun schossen ihm wieder die eigenen Probleme durch den Kopf. Ganz egal, wie schlimm die Folgen für die junge Frau waren, aber sie hatte wenigstens einen kurzen Moment der größten

Ekstase erlebt. Sein letztes leidenschaftliches Erlebnis lag mindestens 15 Jahre zurück. Und im Vergleich zu der Sache in der Dohnaischen Straße war *sein* sexuelles Abenteuer nur kalter Kaffee gewesen.

Maik und Sven Koppietz waren, ebenso wie ihre Eltern, in dem Zeltlager auf dem Sonnenstein untergekommen, weil ihr Haus in der Copitzer Straße auch unter Wasser stand. Jetzt wollten die Brüder nach ihrem Kumpel Wessel sehen.

Sie hatten sich zur Tarnung blaue Arbeitskombis mit dem Aufdruck *THW* sowie Gummistiefel besorgt und ein gelbes Schlauchboot vom Katastrophenschutz gestohlen. Nun waren sie in dem überfluteten Pirnaer Stadtteil unterwegs. Eine Polizeistreife im Motorboot, die Ausschau nach Plünderern hielt, ließ sie anstandslos passieren.

In der Dohnaischen Straße war das Wasser schon wieder etwas gefallen. Überall trieben Berge von Unrat.

Der Fußboden im Wessel-Haus war mit Abfall und Morast bedeckt. In einer Ecke des Zimmers lag der dreckverkrustete Rucksack des Mädchens. Sven hob ihn mit zwei Fingern vorsichtig hoch und kippte ihn auf dem Bett aus. »Die Schlampe ist abgehauen, aber ihre Sachen und den toten Köter hat sie dagelassen. Merkwürdig.«

In dem Rucksack befand sich nur Plunder. Alles war durchweicht und lehmig. Sven konnte nichts von Wert erkennen. Er hob die Schneekugel auf und wischte über das Glas. »Kinderkram«, murmelte er verächtlich und warf sie auf das schlammige Bett.

Im Keller stand das Wasser immer noch bis zur Hälfte der Treppe. Tote Ratten schwammen an der Oberfläche. Der Gestank war extrem.

Maik hielt sich die Nase zu und rief mehrmals den Namen seines Kumpels. Niemand antwortete ihm.

Sven meinte: »Lass uns wieder verschwinden. Horst hat sich sicher längst in Sicherheit bringen können. Wir werden ihn bestimmt bald wiedertreffen.«

Als die beiden zurück in ihr Schlauchboot kletterten, vernahmen sie ein merkwürdiges Rauschen. Sie sahen nach oben, aber es war bereits zu spät. Der wackelige Schornstein des Hauses war ins Rutschen gekommen und stürzte auf sie zu.

Die beiden Brüder schrien aus voller Kehle. Dann gab es einen dumpfen Schlag. Die Luftkammern des Schlauchbootes platzen. Blasen stiegen auf. Neuer Unrat vermengte sich mit altem.

Toby Kemmer besaß einen klapprigen Opel Kadett mit schrägem Heck. Im Kofferraum hatte er immer einen Satz extra scharfer Fleischermesser liegen, die viel besser waren als jene, die ihm sein Arbeitgeber zur Verfügung stellte. Gutes eigenes Werkzeug erleichterte ihm den Job und half dabei, spielend die Norm zu erfüllen. Nur darauf kam es an. Als Toby am späten Abend zur Nachtschicht fuhr, machte er sich große Sorgen. Maik und Sven waren bei einem Unfall ums Leben gekommen, und Horst war nach wie vor verschollen. Er selbst schien das letzte Mitglied der Kameradschaft zu sein, und das machte ihm überhaupt keinen Spaß.

Auf dem Parkplatz vor dem Schlachthof war um diese Zeit tote Hose. Toby stieg aus dem Auto und öffnete die Kofferraumklappe. Als er sich bückte, um sein Werkzeug herauszuholen, erhielt er einen harten Schlag auf den Kopf und brach bewusstlos zusammen.

Als er wieder zu sich kam, spürte er, dass seine Hände mit Draht gefesselt waren. In seinem Mund steckte ein Knebel. Über sich sah er einen Schatten, konnte aber nicht erkennen, wer es war. Plötzlich spürte er, wie etwas, das sehr heiß und sehr kalt zugleich war, in seinen Bauch eindrang und das Gedärm wie Butter in der Sonne zerteilte. Die Sekunden dehnten sich. Toby erinnerte sich an jenen schönen Sommertag vor vielen Jahren, als er mit seinem Vater auf dem See rudern gewesen war. Dann erst kam der Schmerz und sehr viel später die Dunkelheit.

Kaum hatte Mathias Hollmann die Klinik betreten hatte, gab es Ärger. Die Verwaltungsleiterin belästigte ihn mit einer Lappalie: »Im Schwesternzimmer auf der Station VI ist gestern ein Spind gewaltsam geöffnet worden. Die Privatkleider einer Pflegerin wurden entwendet. Der Täter muss einen Helfer unter den Patienten gehabt haben, denn der Notausgang zur Feuerleiter wurde zuerst entriegelt und später wieder verschlossen. Wir konnten den

Weg des Diebes anhand von Fußspuren in den Beeten am Haus rekonstruieren. Bitte unternehmen Sie endlich etwas. Obwohl wir den Vorfall schon vor Stunden gemeldet haben, ist noch kein Kollege von Ihnen erschienen, um den Tatort zu fotografieren und Abdrücke zu nehmen.«

Mathias Hollmann ging den Weg des geringsten Widerstandes und log: Er versprach der aufgeregten Managerin, sich persönlich darum zu kümmern. Dann ging er zu dem Bett der jungen Frau. Sie wollte noch immer nicht reden, befand sich aber offenbar auf dem Weg der Genesung.

»Ich habe leider schlechte Nachrichten für sie. Wir haben ihren Freund gefunden. Horst Bretzler. Seine Leiche wurde 15 Kilometer flussabwärts angespült. Ich habe versucht, die Ereignisse zu rekonstruieren. Meiner Meinung nach ist Folgendes passiert: Während Ihrer Sexspielchen ist Ihr Freund in den Keller gegangen, um etwas zu holen. Dort wurde er offensichtlich von den Fluten überrascht. Der Weg nach oben war ihm inzwischen versperrt. In seiner Not muss er ein Kellerfenster aufgedrückt und versucht haben, bis an die Wasseroberfläche zu schwimmen. Das ist ihm leider nicht gelungen. Er ist ertrunken.

Ich bin inzwischen nicht untätig geblieben und habe längst abgelegte Vermisstenmeldungen überprüft. Ich konnte Ihre Identität ermitteln. Sie heißen Rhia Klausner und sind 17 Jahre alt. Sie stammen aus Eisenach. Vor zwei Jahren sind Sie von zu Hause ausgerissen. Ihre Eltern machen sich große Sorgen. Aber es bleibt Ihre Entscheidung. Ich will nicht über Sie bestimmen. Ich an Ihrer Stelle würde nach Hause zurückkehren. Hier in Pirna haben Sie nichts mehr verloren. Ihr Freund ist tot. Sein Haus muss abgerissen werden. Es ist so baufällig, dass zwei freiwillige Helfer vom THW durch den herabfallenden Schornstein erschlagen wurden.

Auch sonst ist die Stadt nicht sicher. Überall herrscht Chaos. Die Aufräumarbeiten werden noch Wochen dauern. Außerdem geht ein Mörder um, der seinen Opfern den Bauch aufschlitzt.

Ich habe Ihnen einen Koffer mit Sachen von meiner verstorbenen Frau mitgebracht. Sie hatte in etwa Ihre Statur. Und auf den Tisch lege ich Ihnen das Fahrgeld. Es ist ein Geschenk. Sie brauchen es mir nicht zurückzugeben. Aber, wie schon gesagt: Es ist Ihre Entscheidung.«

Rhia sah ihn an, ihre Augen füllten sich mit Tränen. Dann murmelte sie kaum hörbar: »Danke.« In der rechten Hand hielt sie - unter der Bettdecke, unsichtbar für fremde Augen - ihren Talisman umklammert: die Schneekugel mit der tanzenden Ballerina.

Kriminalhauptkommissar Mathias Hollmann gab gerne den Columbo. Die meisten Leute nahmen ihm die Rolle eines Hinterwäldlers bereitwillig ab. Das lag vielleicht daran, dass sie Polizisten generell für ausgemachte Trottel hielten. Schon so manchen Tatverdächtigen hatte er auf diese Weise ganz geschickt aufs Glatteis führen können.

Den Sachverhalt mit dem ans Bett gefesselten Mädchen hatte er inzwischen nahezu komplett ermittelt. Nur ein winziges Detail musste noch überprüft werden. Hollmann ging den Gang der Station bis zum Ende bis zu der Tür mit der Aufschrift *Wäschekammer* und öffnete sie. Mehrere Rollbehälter waren mit Schmutzwäsche gefüllt.

Mathias Hollmann hatte seine Einsatztasche dabei. Er streifte sich einen Mundschutz und Gummihandschuhe über, schüttete den ersten Behälter aus und begann, den Haufen zu durchwühlen. Im zweiten Behälter wurde er fündig. Dort lagen die aus dem Spind gestohlenen Sachen der Pflegerin. Sie waren total verdreckt und blutbeschmiert.

Der Kriminalhauptkommissar lächelte. Der Fall war aufgeklärt. Es gab zwar noch einige offene Fragen, zum Beispiel, auf welche Weise das Mädchen aus Eisenach in das Haus in der Dohnaischen Straße geraten war. Aber das waren unwichtige Details.

Mathias Hollmann stopfte die Wäsche zurück in die Behälter. Die Kleider der Pflegerin kamen zuunterst, die Krankenhauswäsche obenauf. Dann ging der Polizist hinaus in die vom Hochwasser verwüstete Stadt. In sich trug er die stille Hoffnung, dass er eine zweite Chance bekommen würde - so wie Pirna und wie Rhia Klausner.

Ethel Scheffler

Wer nicht hören will

Katrin und Martin saßen am gedeckten Abendbrottisch in der Küche. Frisches Bäckerbrot und hausschlachtene Lebewurst verströmten einen appetitanregenden Duft. Katrin hatte in der Kita einen anstrengenden Arbeitstag. Nach dem Einkauf im Supermarkt hatte sie jetzt Hunger. Doch die Eltern warteten auf ihre Tochter Lara.

Martin sah auf die Uhr. »Warum ist Lara nun schon wieder nicht zum Abendbrot da?« Der gereizte Ton des IT-Spezialisten schwebte wie eine unsichtbare Wolke durch die Küche.

»Das Mädel hat mir nichts gesagt.« Die Stimmung auf einen unbeschwerten Abend war für Katrin dahin.

»Gut, dann essen wir ohne sie.« Martin schmierte sich ein Brot mit Butter und belegte es mit einer Scheibe Salami. »Sie hätte doch Bescheid sagen können, dass es später wird. Dafür haben wir ihr doch das Handy gekauft«, sagte er und biss von der Schnitte ab. Er war verärgert. Lara hielt sich in letzter Zeit an kaum eine Absprache. Kam erst spät nach Hause, und ihr Atem roch ständig nach Alkohol. Sie erzählte nicht, wo und mit wem sie abhing.

»Soll ich sie anrufen?«, fragte Katrin.

»Nein, das Mädel ist alt genug.«

»Sie ist dreizehn, aber natürlich hast du recht. Ich weiß auch nicht, was mit ihr los ist. Frau Becker hat sie letztens am Bahnhof mit so komischen Typen gesehen. Und alkoholisiert kam sie ihr auch vor.« Katrin griff zu der grünen Gurke und schnitt sich ein paar Scheiben ab. Auch sie war sauer. Hatte doch Lara versprochen, sich zu bessern.

Seit Wochen gab es ständig Diskussionen. Mehrere Klassenarbeiten hatte sie in den letzten Wochen versemmelt. Wenn sie sich nicht bald so richtig am Riemen riss, sah es schlecht auf dem Zeugnis zum Ende der siebten Klasse aus.

»Am Bahnhof? «, fragte Martin. »Da hängen die komischsten Typen rum. Dort wird getrunken und Rauschgift verkauft.«

Er wusste, wovon er sprach. Sein Freund Uwe arbeitete bei der Polizei und hatte ihm letztens bei einem Feierabendbierchen erzählt, wie Dealer Schüler anwarben, um die weißen Päckchen weiter zu verkaufen. Sie lockten mit viel Geld und hatten coole Klamotten an. Die Typen lieferten nicht nur den Stoff, sondern gleich die passenden Verkaufsargumente mit. *Einmal probieren, da passiert schon nicht. Kostet fast nichts. Von einmal, wird man doch nicht süchtig. Oft sind es vermeintlich besten Freunde, die den Stoff ihren Klassenkameraden anboten.*

Martin wollte jetzt nicht an den Rattenschwanz denken, der dann folgen würde, wenn jemand darauf hereinfiel. Wie sollten sich Schüler das Geld beschaffen, wenn nicht durch Diebstähle bei den Eltern, in Geschäften, bei Einbrüchen oder Überfällen? An noch Schlimmeres wollte Martin nicht denken. Alles wäre umsonst für Lara gewesen. Für die Katz hätte sie all die Jahre gelernt.

»Geschwankt hätte Lara, hat die Becker gesagt. Und gegrölt inmitten der Truppe«, sagte Katrin leise.

Martin schob den Teller von sich. Der Appetit war ihm vergangen. Drogen oder Alkohol, vielleicht beides. Er dachte an die schlechten Noten und an die dunklen Augenringe im Gesicht seiner Tochter. Vielleicht hatte sie das Zeug schon probiert? Bei manchen Drogen reicht einmal. »Wir waren in diesem Alter auch keine Musterknaben«, erwiderte er, »aber trotzdem mache ich mir Sorgen um unsere Tochter.«

»Auch ich habe Angst, dass sie abrutscht oder jemanden in die Hände fällt, der ihr nichts Gutes will. Was sollen wir nur tun? Vielleicht kommt sie noch zu Vernunft?«

Die Wohnungstür klappte. Schlagartig endete das Gespräch.

Lara war heimgekommen und offensichtlich bemüht, so schnell wie möglich an der Küche vorbei in ihr Zimmer zu schleichen.

»Lara«, rief Martin.

»Jaaa«, kam es gelangweilt von dem Teenager.

»Warum bist du nicht eher zum Abendbrot gekommen?«

»Weil ich keinen Hunger habe«, antworte Lara wieder in diesem Ton, der den Eltern sagte, dass sie null Bock auf Diskussionen hatte.

Martin unterdrückte ein Seufzen. »Fräulein, ich glaube, dir geht es zu gut.«

»Oh, Mann. Ich will jetzt einfach nur in mein Bett.« Laras Blick war glasig.

Martin stand auf und war in drei Schritten bei ihr. Er rümpfte die Nase. Lara roch nach Alkohol, wie vermutet. Da gab es nur eine Lösung. Er schob sie ins Bad, drückte sie vor dem Toilettenbecken auf die Knie und zwang sie, den Zeigefinger tief in den Mund zu stecken, damit sie sich auskotzen konnte. Als nichts mehr kam, zog er Lara hoch, setzte sie in das Duschbecken, drehte das eiskalte Wasser auf und schloss die Duschkabinentür.

Der kalte Strahl schien Lara zu sich zu bringen. Sie protestierte, aber Martin hatte das Bad bereits verlassen.

Katrin sah ihren Mann sprachlos an, als er sich wieder neben sich an den Küchentisch setzte.

»Bring deiner Tochter was zum Anziehen«, war das Einzige, was Martin mühsam hervorbrachte.

Als Lara eine Stunde später in die Küche kam, um sich etwas zum Essen zu holen, sagte er: »Du bekommst heute nichts zu essen. Außerdem hast du zwei Wochen Stubenarrest. Das heißt, nach der Schule sofort nach Hause kommen. Sonst geht es nrgendwo hin.« Martin bemühte sich, die Stimme nicht anzuheben.

»Ihr seid so richtige Spießer. Ich will nicht so werden wie ihr.« Lara verschränkte die Arme vor die Brust.

»Weil wir so spießig sind, hast du ein Dach über den Kopf, zu essen und ein Handy.« Martin spürte, dass diese Antwort nichts bringen würde. Er wollte früher auch nicht hören, wie schlecht es Oma und Opa hatten, und dass sie noch richtigen Hunger kannten.

Katrin war aufgestanden und stellte sich neben ihren Mann. Obwohl sie ihre Tochter immer in den Schutz genommen hatte, fand sie es gut, dass Martin dieses Mal durchgriff.

Die Tage vergingen. Es schien, als fand sich Lara mit der Strafe ab. Sie stand früh auf, ging in die Schule, erledigte danach ihre Hausaufgaben und demmelte in ihrem Zimmer herum. Es gab ja Instagram & Co. So vergingen die Tage.

Doch dann das!

Es war Freitag. Schulschluss. Aber Lara ließ sich nicht blicken. Aufgeregt rief Katrin ihren Mann an.

Martin kam sofort nach Hause. Katrin hatte zwischenzeitlich schon mit der Schulleitung telefoniert und erfahren, dass Lara nicht zum Unterricht erschienen war. Wo konnte sie nur sein?

Katrin fürchtete, dass mit ihrer Tochter etwas Schlimmes passiert sein könnte. »Wir müssen zur Polizei gehen.«

»Das machen wir, wenn wir bis morgen keine Nachricht von ihr haben.« Martin wusste, dass nach allem, was in den letzten Wochen vorgefallen war, die Polizei noch etwas abwarten würde. Viele Teenager kamen nach einer versoffenen Nacht zurück. Vielleicht schlief Lara nur ihren Rausch irgendwo aus.

Doch auch am nächsten Morgen tauchte Lara nicht auf.

Katrin meldete sich auf der Arbeit ab. Auch Martin nahm sich frei. Er hatte sowieso noch eine Menge Überstunden. Jeder hatte für ihre Lage Verständnis, fühlte mit ihnen. Sie gingen zur Polizei und gaben eine Vermisstenanzeige auf. Der Suchapparat der Polizei sprang an.

Am schlimmsten war für Katrin, dass sie und Martin immer wieder befragt wurden, wie die Tage vorher abgelaufen waren. Natürlich kamen die Streitereien und Laras Alkoholgeschichten ans Tageslicht. Auch, dass Katrin das Haushaltsgeld aus ihrer Börse vermisste. Doch das war jetzt unwichtig. Wichtig war nur, dass sie Lara wiederfanden.

Kommissar Reichel vermutete, dass der Teenager aufgrund der familiären Situation untergetaucht war.

Die Befragungen in der Szene ergab allerdings nichts, was darauf hingedeutet hätte. Keiner hatte sie gesehen oder wusste, wo sie war.

Katrin weinte sich die Augen aus.

Martin sah, wie sie herumschlich, der Schatten ihrer selbst war. Deshalb übernahm er die Einkäufe und Erledigungen.

Das Mädchen war seit einer Woche nicht auffindbar. Ihr Handy war nicht zu orten. Katrin weinte immer wieder.

Martin, bisher ruhig und besonnen, explodierte bei einer erneuten Befragung zu den letzten Tagen vor Laras Verschwinden. Verzweifelt klagte er den Kommissar an: »Eigentlich sind Sie doch schuld. Warum trocknen Sie den Sumpf von Drogen, Alkohol und Beschaffungskriminalität nicht aus? Warum nehmen Sie betrunkene Jugendliche nicht fest?«

Kommissar Reichel verstand den Vater. Doch der Polizist konnte nicht so handeln, wie der Mann es sich vorstellte. Er war an Gesetze gebunden.

Zehn Tage war das Mädel nun schon verschwunden, und alle nahmen das Schlimmste an. Da erhielt Katrin am Abend eine WhatsApp von Lara: *Mir geht es gut. Sucht mich nicht. Ich bin mit Kumpels in Amsterdam. Lara*

Aufgeregt zeigte sie Martin die Nachricht. »Lara lebt, Gott sei Dank, sie lebt.«

Martin rief sogleich Kommissar Reichel an.

»Ausgerechnet Amsterdam«, sagte Reichel. »Ich werde die Kollegen benachrichtigen.«

Zwei weitere Tage vergingen. Es konnte nicht festgestellt werden, dass die Nachricht von Laras Handy kam.

Doch das kannte Kommissar Reichel schon. Wenn Ausreiser alle Brücken hinter sich abbrachen, war das immer so. Laras Eltern konnten froh sein, dass ihre Tochter überhaupt ein Lebenszeichen von sich gegeben hatte. Reichel formulierte vorsichtig, dass sie sich wohl damit abfinden mussten, ihre Tochter so schnell nicht wiederzusehen, auch wenn die Kollegen in Amsterdam ein Auge auf den Fall haben würden.

Es war der darauffolgende Sonntag. Katrin und Martin saßen stumm beim Frühstück, als es an der Wohnungstür klingelte.

Katrin stand auf und öffnete. Ein Schrei von ihr ließ auch Martin aufspringen.

Lara stand in der Tür. Die Haare zerzaust, verdreckt und irgendwie schläfrig.

»Komm rein, Mädchen. Oh mein Gott, wie siehst du aus?« Katrin zog sie am Arm in den Korridor. Martin war inzwischen bei ihr und nahm Lara gleich auf den Arm. Er trug sie in ihr Zimmer. Vorsichtig legte er sie auf das Bett.

»Sie ist wieder da«, hauchte Katrin. »Hoffentlich hat sie nichts Grausames erlebt.«

Martin legte den Arm um Katrin Schulter. »Jetzt lassen wir sie erstmal ausschlafen. Das braucht sie jetzt am dringendsten.«

»Aber wir müssen doch Kommissar Reichel anrufen, dass sie wieder da ist.«

»Der hat uns auch warten lassen, als sie verschwunden war. Wir rufen morgen an. Er wird sie befragen wollen. Ausgeruht erinnert sie sich bestimmt am besten. Du siehst doch, wie fertig sie ist.«

Katrin, überglücklich, dass ihr Liebling wieder da war, nickte Martin zu.

Am nächsten Morgen informierten sie Kommissar Reichel. Natürlich tobte er. Als er dann bei Katrin und Martin erschien, war Lara geduscht und hatte gefrühstückt. Sie sah um einiges besser aus als bei ihrer Ankunft.

»Wir müssen Ihre Tochter mitnehmen«, gab Reichel Martin Bescheid. »Eine Spezialistin wird sie befragen, und ein Arzt wird sie untersuchen. Danach kann sie wieder zur Schule gehen. Vorausgesetzt, sie fühlt sich gut.«

»Ich komme mit«, bot Martin an. Wenig später wartete er auf einem unbequemen Stuhl fast zwei Stunden auf dem Polizeirevier. Dann endlich erschien Lara neben Kommissar Reichel auf dem Gang.

Reichel wirkte unzufrieden. »Ihre Tochter wurde mit einem Mittel betäubt, dass wie eine Droge wirkt. Leider kann sie sich nicht erinnern, was danach geschehen ist. Da sie ins Ausland gebracht wurde, gehen wir von einer Entführung aus. Vermutlich konnte sie sich befreien. Sie ist unter einer Brücke aufgewacht, ohne zu wissen, wie sie dahin gekommen ist.«

Martin legte den Arm um Laras Schultern. »Mir ist das egal. Ich bin froh, dass sie wieder da ist.«

Lara drückte sich an ihn, und Hand in Hand gingen sie nach Hause.

Katrin wartete schon mit einem Mittagessen auf sie. Es gab Laras Lieblingsgericht: Pommes mit Majo. Nachdem Martin erzählt hatte, was er von Kommissar Reichel wusste, fragte Katrin: »Sag mal Lara, erinnerst du dich wirklich an nichts anderes?«

Lara schloss die Augen. »Ich war auf dem Weg zur Schule, da hat ein Lieferwagen neben mir gehalten. Ein Mann stieg aus, ich habe gar nicht auf ihn geachtet. Dann war plötzlich ein feuchtes Tuch in meinem Gesicht, und dann wurde es dunkel. Als ich wieder zu mir kam, war ich in diesem Raum. Wasser und Brot und einen Eimer als Klo, mehr hatte ich nicht. Der Gestank pestilenzartig. Mir war ständig nur schlecht, dann kam der Schüttelfrost. Bin ich dann mal eingenickt, habe ich Schlimmes geträumt. Von weißen Mäusen, die mit Riesenzähnen nach mir geschnappt haben. Ich hatte solche Angst…«

»Das ist ja furchtbar.« Katrin stand auf und nahm Lara in den Arm.

Lara begann zu schluchzen. »Sogar auf allen Vieren bin ich herum gerobbt und habe wie ein Hund gebellt. Meine Knie sind immer noch ganz wund. Die Ärztin hat mir eine Salbe darauf gemacht.«

»Sonst ist dir wirklich nichts geschehen«, hakte Martin nach.

Lara schüttelte den Kopf.

»Und deinen Entführer? Wer war es? Kennst du ihn?«

Wieder schüttelte Lara den Kopf. »Ich will ihn auch gar nicht kennenlernen. Niemals!«

»Wenn ich den in die Finger kriege ... «, stieß Martin hervor. »Aber alles in allem hast du Glück gehabt, dass dir nichts weiter passiert ist. Dagegen sind die Halluzinationen Kleinigkeiten.

»Davon habe ich erstmal genug. Ab jetzt trinke ich nie wieder Alkohol, und Drogen probiere ich auch keine mehr. Ehrlich.«

»Auch nicht, wenn dich deine Freunde dazu auffordern?«

Lara schluckte. »Auch dann nicht«, erwiderte sie mit fester Stimme.

Claudia Puhlfürst

Die ‚Heldin von Mittweida'
Hakenkreuze auf der Haut

Mittweida ist ein Städtchen in Mittelsachsen mit knapp 16.500 Einwohnern. Am 3. November 2007 beobachtet eine junge Frau – sie heißt Rebecca – wie vier Männer ein Kind vor einem Supermarkt drangsalieren. Die Peiniger sind zwischen 20 und 25 Jahre alt, tragen Bomberjacken mit der Aufschrift *NSDAP* und haben Glatzen.

Sie schubsen das kleine Mädchen herum, es weint. Die junge Frau fordert die Männer auf, das Kind in Ruhe zu lassen. Das tun diese auch, jedoch nur, um sich jetzt Rebecca zuzuwenden. Sie reißen sie zu Boden, drei halten sie fest, einer zückt ein Skalpell, schiebt ihre Kleidung hoch, beginnt an der Hüfte der jungen Frau etwas einzuritzen – ein Hakenkreuz.

Danach, so berichtet Rebecca später, versuchen die vier Männer, ihr ein SS-Zeichen in die Wange zu ritzen, scheitern jedoch, weil sie sich so heftig wehrt.

Es gelingt ihr, sich loszureißen, sie flüchtet voller Angst.

Erst über eine Woche später offenbart sich Rebecca K. einem Verwandten, der informiert ihre Mutter. Am 12. November 2007 erstattet diese Anzeige.

Rebecca beschreibt der Polizei, dass sie ‚eindeutig ein Skalpell gesehen' habe. Ein derartiges Werkzeug besitze sie nämlich auch selbst. Einer der Täter habe dann die Klinge über ihre Haut gezogen. Sie habe starke Schmerzen gehabt und sich gewehrt, die Neonazis hätten sie jedoch festgehalten und immer wieder niedergedrückt.

Eine fieberhafte Suche nach Zeugen beginnt.

Der Supermarkt befindet sich mitten in einem Plattenbaugebiet, laut Rebecca müssen zahlreiche weitere Menschen, zum Beispiel von den umliegenden Balkons, den Überfall beobachtet haben. Der Polizei gelingt es jedoch nicht, solche Zeugen ausfindig zu machen. Die Tat passt perfekt ins Bild des fremdenfeindlichen Ostens, und so stürzen sich Presse und Fernsehen auf den Fall.

»Eine ganze Stadt hat weggesehen« – so beginnt der Fernsehsender *RTL 2* einen Nachrichtenbeitrag. Die Sprecherin erzählt weiter: »Als Neonazis im sächsischen Mittweida ein sechsjähriges Aussiedlerkind angriffen, ging nur eine Siebzehnjährige dazwischen. Daraufhin ritzten ihr die vier Skinheads ein Hakenkreuz auf die Hüfte. Alles geschah mitten in der Stadt. Doch niemand will etwas gesehen haben.«

Die Kamera zeigt einen Supermarkt und schwenkt dann über triste Plattenbauten. Ein Anwohner spricht von einem Balkon herab, fuchtelt mit einer Zigarette. Das ‚Mädel' habe sich ‚das Ding selber eingeritzt'. Eine ältere Dame sagt, man solle sich nicht ‚irgendwo hineinhängen', ohne den Zusammenhang zu kennen. Die Fernsehsprecherin erklärt danach mit bedeutungsschwerer Stimme: »Hier fehlt die Zivilcourage, die das siebzehn-jährige Opfer hatte (…)« Ein Arzt habe die Darstellung der Siebzehnjährigen bestätigt.

Phantombilder werden gezeigt, die nach den Angaben des Mädchens angefertigt wurden. Zwei wie eineiige Zwillinge wirkende Glatzköpfe sind darauf zu sehen.

Dann kommt der Bürgermeister von Mittweida ins Bild. Er erklärt, dass er versuchen werde, die Leute in seiner Stadt, die in dem Umfeld wohnen, persönlich anzusprechen, damit sie sich zu dem Fall äußern.

Nun werden bekannte Musiker, die sich in Leipzig treffen, um ‚den Osten im Kampf gegen Rechts zu unterstützen' gezeigt. Auch der Sänger Smudo, Mitglied der Band *Die Fantastischen Vier* ist dabei. Die Musiker sind ‚schockiert, von der Stadt, die wegschaut'.

Smudo wird interviewt. Er sagt: »Ich finde es natürlich ganz erstaunlich, dass ein siebzehnjähriges Mädchen sich so etwas traut, auf der anderen Seite finde ich es total entsetzlich, dass es ganz offensichtlich Schwierigkeiten gibt in der Aufklärung dieser Sache.«

Drei Tage nach der Anzeige finden Beamte des Staatsschutzes das kleine Mädchen, das von den Neonazis gequält wurde. Es gehört zu einer Spätaussiedlerfamilie in Mittweida. Das Kind wird intensiv befragt. Es bestätigt die Aussagen seiner Retterin.

Mithilfe der Phantombilder ermittelt die Polizei einen 19 Jahre alten Tatverdächtigen. In seinem Zimmer in der Wohnung der Eltern werden Datenträger und ein Anstecker der Neonazi-Kameradschaft *Sturm 34* sichergestellt.

Rebecca identifiziert den jungen Mann bei einer Gegenüberstellung als einen der Täter, ein Richter jedoch lehnt den von der Staatsanwaltschaft beantragten Haftbefehl ab, weil der Tatverdacht nicht bewiesen sei. Der Beschuldigte hat ein Alibi für die Tatzeit.

Sachsens damaliger Innenminister Albrecht Buttolo schaltet sich ein. Er bittet die Bevölkerung um Mithilfe bei der Aufklärung der Tat. »Dies ist eine schlimme Nachricht«, so erklärt er. Jeder Zeugenhinweis sei wertvoll.

Die *Grünen* im sächsischen Landtag nutzen die Gelegenheit, und werfen dem Minister Versäumnisse bei der Bekämpfung des Rechtsextremismus vor. Buttolo sei es zudem nicht gelungen, für Sicherheit in Mittweida zu sorgen, äußert Johannes Lichdi, Mitglied der *Grünen*. Es sei entsetzlich, dass niemand der 17-Jährigen geholfen habe.

Der *Spiegel* schreibt: »Neonazis greifen Mädchen an – Nachbarn schauen zu«.

Die ‚tapfere junge Frau von Mittweida' bekommt inzwischen körbeweise Fanpost, sogar Geld wird geschickt.

Im Rathaus werden Blumen für sie abgegeben, bestürzte Bürger aus der Region stellen Kerzen am Tatort auf, Protestkundgebungen, Mahnwachen und Gottesdienste finden statt.

Niemand hat etwas gesehen

Die Polizei ist nicht untätig. Sie befragt die Anwohner, sucht nach Leuten, die das schreckliche Geschehen beobachtet haben – ohne Erfolg. Niemand hat etwas gesehen, kein Bewohner der Plattenbauten kann Angaben zu der Tat machen. Ein Sprecher der Polizeidirektion Chemnitz-Erzgebirge sagt der Presse, dass sich trotz mehrfacher öffentlicher Aufrufe bisher keine Zeugen gemeldet hätten. Auch die Phantombilder bringen die Beamten nicht weiter. Die Staatsanwaltschaft Chemnitz und die Polizeidirektion Chemnitz-Erzgebirge veröffentlichen eine gemeinsame Presseerklärung und Phantombilder.

Fahndungsaufruf

Am 12.11.2007 wurde bei der Polizei eine Straftat angezeigt, die bereits am 3.11.2007 begangen wurde. An jenem Samstag, dem 3.11.2007, war eine 17-jährige Jugendliche auf der Lauenhainer Straße zu Fuß unterwegs. Im Bereich vor dem NORMA-Markt bemerkte sie, wie vier junge Männer ein Kind herumschubsten. Das Mädchen weinte bereits laut. Die 17-Jährige rief den Männern zu, sie mögen das Mädchen in Ruhe lassen. Daraufhin ließen sie von dem Kind ab, griffen die Jugendliche an und rissen sie zu Boden. Drei der Tatverdächtigen hielten nun die 17-Jährige fest, während der vierte ihr mit einem skalpellartigen Gegenstand ein ca. 5 cm großes Hakenkreuz in die Haut im Hüftbereich ritzte. Der Versuch der Täter, in die Wange des Opfers eine Siegrune zu ritzen, scheiterte an dessen Gegenwehr. Anschließend ließen die Täter von der Jugendlichen ab, so dass sie flüchten konnte. Dem Kind als dem ursprünglichen Opfer der Täter war zwischenzeitlich ebenfalls die Flucht gelungen.

Nachdem die Tat am 12.11.2007 angezeigt worden war, nahm das Kommissariat Staatsschutz der Chemnitzer Kripo die Ermittlungen auf. Im Umfeld des Tatortes konnten keine Personen ermittelt werden, die Zeugen des Geschehens geworden sind. Nach Aussage der 17-Jährigen habe sie auf Balkons umliegender Häuser jedoch Menschen bemerkt, denen der Vorfall nicht entgangen sein kann. Durch die Ermittlungen der Kriminalpolizei gelang es, am 15.11.2007 jenes Kind namhaft zu machen, dem ursprünglich der Angriff der Männer galt. Dabei handelt es sich um ein sechsjähriges Spätaussiedlermädchen, das den von der 17-Jährigen geschilderten Hergang bestätigte. Schließlich konnten die Beamten einen 19-Jährigen aus dem Raum Burgstädt ermitteln, der im Verdacht steht, an der Tat beteiligt gewesen zu sein, in dem er die 17-Jährige mit festhielt.

Bei der Durchsuchung des Zimmers des 19-Jährigen in der elterlichen Wohnung stellten die Beamten mit Sand gefüllte Lederhandschuhe, einen Button mit dem Aufdruck ‚Sturm 34' und Datenträger sicher. Die Staatsanwaltschaft Chemnitz beantragte gegen den Beschuldigten den Erlass eines Haftbefehls. Die Untersuchungshaft wurde beim Amtsgericht Chemnitz jedoch abgelehnt, da der Tatverdacht gegen den 19-Jährigen nicht ausreichend nachweisbar war.

Phantombilder veröffentlicht

Mit Hilfe der 17-Jährigen konnten nunmehr Phantombilder erstellt werden, die zwei der vier Männer zeigen, die an der Tat beteiligt waren. Die Polizei hofft mit der Veröffentlichung der Phantombilder Hinweise zur Identität der Personen zu erhalten und darauf aufbauend auch die anderen Verdächtigen ermitteln zu können. Zu den Tatverdächtigen liegen außerdem folgende Personenbeschreibungen vor: (…)

Wer kennt die auf den Phantombildern abgebildeten Männer? Wer kann Angaben zur Identität der beschriebenen Personen machen? Wer hat die Tat am 03.11.2007 beobachtet und kann weitere Angaben zum Tathergang und den Tatverdächtigen machen? (…)

Leider fehlen der Polizei aber immer noch verwertbare Zeugenaussagen zum Übergriff.«

(Anm. der Autorin: Die Originalpressemitteilung unter http://www.polizei.sachsen.de/pd_ce/5896.htm wurde inzwischen gelöscht).

Der Bürgermeister Mittweidas zeigt sich zuversichtlich, dass sich noch Augenzeugen melden werden:

»So wie ich unsere Bürger kenne, gibt es ein Pflicht-
bewusstsein«, sagt er den Journalisten, und erklärt,
der Altersdurchschnitt in dem Wohngebiet liege bei
60 Jahren. »Ich kann mir nicht vorstellen, dass
bewusst einer wegschaut, dass keiner was gesehen
haben will oder nichts sagt.« Er will ein persönliches
Schreiben mit der Aufforderung, sich zu melden an
die Anwohner richten. Ende November werden mehr
als 100 Briefe des Bürgermeisters verschickt, 5.000
Euro Belohnung werden ausgesetzt.

Unterdessen schlägt das Geschehen immer höhere
Wellen. Sachsens Polizeipräsident Rolf Merbitz lobt
das Verhalten der 17-Jährigen und ruft alle Bürger in
Sachsen zu mehr Zivilcourage auf. Er kündigt an, die
Mobilen Fahndungsgruppen gegen rechte Gewalt
wieder zu aktivieren. Schon ab Dezember 2007 sollen
die Teams in Sachsen unterwegs sein.

Auch die Bundestagsabgeordnete der *Grünen*,
Monika Lazar, würdigt das Verhalten von Rebecca.
Sie sagt, dass der jungen Frau die Verletzungen
erspart geblieben wären, wenn auch die Zeugen so
beherzt eingegriffen hätten wie Rebecca.

Eine Auszeichnung wird geplant

Am 26. November 2007 tagt der Beirat des *Bündnisses
für Demokratie und Toleranz.*

Cornelie Sonntag-Wolgast, Mitglied des Beirates,
schlägt dort die Verleihung eines eigens zu schaffen-

den ‚Ehrenpreises für Zivilcourage' an Rebecca K. vor.

Cornelie Sonntag-Wolgast ist eine engagierte Frau. Auf ihrer Homepage begrüßt sie den Leser mit »Moin, Moin!«, der erste Satz lautet: »Dies ist die Visitenkarte einer Grenzgängerin zwischen Journalismus und Parlament.«

Obwohl in dem Fall noch vieles ungeklärt ist, sich nicht ein einziger Zeuge gemeldet hat, und inzwischen sogar der Verdacht aufgekommen ist, Rebecca K. könne das Ganze erfunden haben, beharrt Cornelie Sonntag-Wolgast auf dem Ehrenpreis für die ‚junge Heldin'. Sie teilt den Mitgliedern des Beirates mit, Rebecca K. wirke ‚glaubwürdig'.

Mitte Dezember telefoniert sie mit der *Grünen*-Bundestagsabgeordneten Monika Lazar. Sie beide sollen Anfang Februar 2008 in Mittweida die Laudatio auf zwei lokale Initiativen halten, die ausgezeichnet werden sollen. Cornelie Sonntag-Wolgast und Monika Lazar kommen überein, an der Preisverleihung für Rebecca K. festzuhalten.

Erste Zweifel

Inzwischen mehren sich die Ungereimtheiten. Nicht nur, dass noch immer kein einziger Zeuge aufgetaucht ist, obwohl eine Belohnung von 5.000 Euro ausgesetzt wurde; auch der einzige ermittelte Tatverdächtige hat ein Alibi.

Zweifel weckt auch, dass Rebecca nach der Tat über eine Woche geschwiegen hat und die Anzeige erst neun Tage später durch ihre Eltern erfolgte, die wiederum nur durch einen anderen Verwandten auf die Verletzung ihrer Tochter aufmerksam gemacht wurden.

Hinzu kommt, dass auch die Aussage des Aussiedlerkindes fragwürdig ist. Laut der Mutter des Mädchens seien sie und das Kind am Tag des angeblichen Überfalls gar nicht in Mittweida gewesen. Warum das Kind dann zuerst die Version von Rebecca K. bestätigt hat, kann niemand erklären. Zeugenaussagen bei kleinen Kindern können sehr schnell durch suggestive Fragetechniken beeinflusst und manipuliert werden.

Was nach all dem übrig bleibt, ist der einzig sichtbare Beweis: Das in die Hüfte eingeritzte Hakenkreuz. Der erste Arzt hatte ausgeschlossen, dass Rebecca K. sich die Verletzung selbst zugefügt habe. Die Staatsanwaltschaft Chemnitz beschließt, weitere Gutachten einzuholen.

Anfang Dezember beauftragt der zuständige Oberstaatsanwalt Professor Dr. Klaus Püschel: ‚eine kurze ergänzende gutachterliche Stellungnahme (…) zur Lebendbegutachtung der Geschädigten Rebecca K (…) abzugeben.'

Dr. Klaus Püschel ist Professor für Rechtsmedizin und leitet das Institut für Rechtsmedizin am Universitätsklinikum Hamburg-Eppendorf. Außerdem ist er Fachmann für Hautverletzungen, die vermeintliche Opfer sich selbst zufügen. Er hat unzählige Fotos archiviert und zahlreiche Artikel zu dem Thema veröffentlicht, so zum Beispiel in der Zeitschrift *hautnah dermatologie,* einem Fachblatt für dermatologisch tätige Ärzte.

Keinerlei Zweifel an einer Selbstbeibringung

Professor Klaus Püschel erhält von der Staatsanwaltschaft Chemnitz einen Aktenauszug, Fotos der verletzten Rebecca K. und auch das ausführliche Untersuchungsprotokoll der Chemnitzer Rechtsmedizin, in der Rebecca am 13.11.2007 untersucht worden war. Er analysiert die Tatausführung, das Tatgeschehen und das Verletzungsmuster.

Am 10. Dezember erstellt Professor Püschel sein Gutachten. Das, was der Rechtsmediziner feststellt, wird er in der im November 2008 stattfindenden Gerichtsverhandlung vortragen.

Das Gericht und die Anwesenden hören hier unter anderem, dass als Tatwerkzeug durchaus ein Skalpell in Frage komme, wie Rebecca K. es geschildert hat. Auch die Art und Weise der Verletzung widerspricht dem nicht. Was der Rechtsmediziner allerdings nicht nachvollziehen kann, ist die exakte Beschreibung des Tathergangs, die Rebecca geliefert hat.

Die junge Frau hat genauestens beschrieben, wie die Täter das Skalpell hielten und wie sie es über die Haut führten. Gleichzeitig sei sie festgehalten und niedergedrückt worden, habe sich heftig gewehrt und starke Schmerzen gehabt. Solch eine detailreiche Erinnerung spreche eher dafür, so der Rechtsmediziner, dass Rebecca K. selbst das Skalpell oberflächlich und sehr kontrolliert über die Haut geführt habe.

Auch Abwehrverletzungen hat Professor Püschel nicht finden können.

Abwehrverletzungen entstehen immer dann, wenn ein Opfer sich heftig gegen die ihm zugefügte Gewalt zur Wehr setzt.

Rechtsmediziner kennen zum Beispiel Entkleideverletzungen, die durch Herunterreißen, Zerschneiden oder Zerreißen von Kleidungsstücken verursacht werden, oder Fixierverletzungen, die beim Festhalten des sich wehrenden Opfers entstehen – zum Beispiel Druckstellen an den Handgelenken.

Auch sind die Verletzungsmuster bei einem sich wehrenden Opfer oft ungleichmäßig, also verschieden tief und unregelmäßig angeordnet.

Rebeccas Wunden hingegen sind sehr gleichmäßig. Hinzu kommt die leichte Zugänglichkeit der verletzten Hautpartien für die eigene Hand und die Aussparung schmerzempfindlicher Hautareale.

Zusammenfassend kommt der Professor Dr. Püschel zu dem Schluss, dass es keine Zweifel an einer Selbstbeibringung der Verletzungen gibt.

Rebecca K. hat sich also das Nazi-Symbol selbst in die Hüfte geritzt.

Was nun?

Vom Opfer zum Täter

Noch im Dezember beginnt die Staatsanwaltschaft Chemnitz gegen Rebecca K. wegen Verdachts des Vortäuschens einer Straftat zu ermitteln.

Sowohl das erste Gutachten der Rechtsmediziner in Chemnitz als auch das darauffolgende von Professor Klaus Püschel deuten darauf hin, dass das vermeintliche Opfer sich die Verletzungen selbst zugefügt hat. Dass die Polizei anfangs veröffentlichte, eine Selbstverletzung sei ausgeschlossen, so sagt der Pressesprecher der Polizei auf Nachfragen, sei ,offensichtlich ein innerbetrieblicher Übermittlungsfehler' gewesen.

Auch an der Schilderung der Vorgeschichte ergeben sich zunehmend Zweifel. Das sechsjährige Mädchen, angeblich das erste Opfer der vier Männer, war nach Angaben des Pressesprechers ,gar nicht vor Ort'. Die Mutter des Mädchens hat ausgesagt, sie und die Tochter seien am Tattag gar nicht in Mittweida gewesen. Einen Übergriff auf das Kind, wie Rebecca ihn geschildert, kann es so nicht gegeben haben.

Warum aber hat die Sechsjährige dann anfangs die Version von Rebecca bestätigt? Möglicherweise habe man ihr Suggestivfragen gestellt, lautet die Antwort. Bei einer Suggestivfrage wird die Frage so gestellt, dass der Antwortende zu einer bestimmten Antwort gedrängt wird. Manchmal ist die Antwort sogar in der Frage schon enthalten.

Laut Polizei kann es so gewesen sein, dass die Sechsjährige tatsächlich irgendwann in der Vergangenheit einmal von Männern geschubst wurde und ihr eine Frau half.

Dafür, dass Rebecca K. sich das alles nur ausgedacht hat, spricht auch, dass in all den Wochen nicht ein einziger Zeuge des Vorfalls gefunden wurde.

Das sächsische Innenministerium kündigt an, die Polizeiarbeit in dem Fall nach Abschluss der Ermittlungen untersuchen zu wollen.

Rebecca K. bleibt bei ihrer Version der Geschichte. Am 20. Dezember 2007 lässt Cornelie Sonntag-Wolgast dem Beirat des *Bündnisses für Demokratie und Toleranz* Informationen zum Fall Rebecca K. zukommen. Sie erinnert die Mitglieder an die einstimmige Entscheidung, den ‚Ehrenpreis an das 17-jährige Mädchen aus Mittweida‘ zu vergeben und schreibt: »Solange das polizeiliche Ermittlungsverfahren nicht mit gesicherten Erkenntnissen abgeschlossen ist, bleibt die Entscheidung bestehen.« Sämtliche Presseanfragen zu dem Thema sollen an sie oder Frau Monika Lazar weitergeleitet werden.

Es rührt sich Widerstand gegen die geplante Preisverleihung. Eine CDU-Abgeordnete schreibt, man dürfe sich nicht anmaßen, klüger als die Staatsanwaltschaft zu sein.

Der Direktor der Stiftung *Topographie des Terrors* in Berlin fordert, man solle die Preisverleihung aussetzen, bis der Fall geklärt sei.

Die Staatsministerin für Integration im Bundeskanzleramt teilt der Geschäftsstelle des Bündnisses mit, die Idee der Würdigung sei ‚unangemessen und falsch', da Rebecca K. sich ihre Verletzung selbst zugefügt haben könnte.

Cornelie Sonntag-Wolgast zeigt sich unbeeindruckt. Die Mitglieder des Beirats werden erst am 31. Januar, einen Tag vor der Preisverleihung, per E-Mail informiert: »dass auch der von Ihnen beschlossene Ehrenpreis verliehen wird«.

Die ‚Heldin' von Mittweida
Ein ‚Ehrenpreis für Zivilcourage' wird verliehen

Am Freitag, dem 1. Februar 2008, wird Rebecca K. der *Ehrenpreis für Zivilcourage* verliehen. Sie wird von der Presse als *Heldin von Mittweida* gefeiert. Der Beirat des *Bündnisses für Demokratie und Toleranz* hat dies Ende November 2007 beschlossen.

Das *Bündnis für Demokratie und Toleranz* vergibt seit 2001 den Toleranzpreis *Aktiv für Demokratie und Toleranz* jedes Jahr an verschiedene Initiativen und Gruppen, die sich gegen Fremdenfeindlichkeit, Rassismus und Antisemitismus wenden. Einen *Ehrenpreis für Zivilcourage*, den Rebecca bekommen wird, gab es vorher noch nicht, er wurde eigens für sie geschaffen. Die Preisverleihung findet im Rathaus der Stadt statt. Auch die Bundestagsabgeordnete der *Grünen*, Monika Lazar, ist anwesend.

Cornelie Sonntag-Wolgast trifft ihre Heldin eine Stunde vor der Preisverleihung in einer Gaststätte in Mittweida. Auch Rebeccas Mutter und ihr Anwalt sind dabei.

Im Vorfeld hat Cornelie Sonntag-Wolgast einem lokalen Radiosender ein Interview gewährt. Sie sagt, es gehe »in erster Linie darum, Zivilcourage zu loben, und nicht um die Frage, ob das Mädchen sich diese Verletzung, von der immer wieder die Rede ist, selbst beigebracht« habe. Zudem gelte schließlich die Unschuldsvermutung auch für Rebecca. »Wir haben keine belastbaren Hinweise dafür, dass sie nicht glaubwürdig ist«, sagt sie abschließend.

Die Politikerin hält an diesem Freitag im Rathaus von Mittweida eine Rede. Sie spricht als Beiratsmitglied des *Bündnisses für Demokratie und Toleranz.*

Die Aufmerksamkeit der Öffentlichkeit ist groß. Zwei Initiativen aus Mittweida – das *Bündnis für Menschenwürde* und die *Aktion Noteingang* der Sächsischen Landjugend erhalten an diesem Tag eine Auszeichnung.

Und Rebecca K. bekommt ihren Ehrenpreis. Cornelie Sonntag-Wolgast hält auch diese Laudatio. Weil Rebecca »Mut bewiesen und sich rechten Schlägern in den Weg gestellt hat«, heißt es in ihrer Begründung. Am Schluss fügt sie noch den Satz hinzu: »Wir glauben Rebecca«.

Die Preisverleihung wird in den Nachrichten gezeigt. Auch *MDR aktuell* berichtet. Rebecca wird gezeigt.

Die schlanke junge Frau hat eine jungenhafte Frisur, kurze braune Haare mit ein paar roten Strähnen, sie trägt ein rot-weiß-gestreiftes Ringel-shirt und eine dunkle Hose. Neben den anderen Preisträgern wirkt sie etwas verloren. »Sichtbar nervös« halte sie die Urkunde, sagt die Nachrichten-sprecherin.

Kameras klicken, ein Blitzlichtgewitter flackert über die fünf Leute auf der Bühne.

Rebecca hält eine kurze Dankesrede. »Ich bin einfach nur bewegt«, spricht sie in die Mikrofone, »dass die Leute die ganze Zeit; meine Freunde, meine Familie, alle, die mich kennen, die ganze Zeit hinter mir gestanden haben. Das ist total der Wahnsinn.« Sie macht eine Geste mit der rechten Faust und setzt sichtlich gerührt hinzu: »Das rockt wirklich!«

Die Sprecherin erklärt dem Zuschauer, dass Rebecca ein Glaubwürdigkeitsproblem habe. Bis jetzt seien keine Zeugen für ihre Anschuldigungen ge-funden worden und zwei Gutachter meinten, dass sich die junge Frau selbst verletzt haben könnte. Die Staatsanwaltschaft ermittle. Für die Veranstalter der Preisverleihung sei dies jedoch kein Grund, die Ehrung zu verschieben.

Die Grünen-Bundestagsabgeordnete Monika Lazar kommt ins Bild. Sie sagt: »Wir greifen den Ermitt-lungen natürlich nicht vor und dem Ausgang, son-dern wir zeichnen einfach die Haltung der jungen Frau aus. Wir sind von ihrer Variante überzeugt, sie hat in einem konkreten Beispiel Zivilcourage geleistet.«

Auch der Bürgermeister von Mittweida, der den Ratssaal der Stadt für die Ehrung der beiden Initiativen zur Verfügung gestellt hat, ist bei der Preisverleihung dabei. Anfang Januar hat er dem Bündnis davon abgeraten, Rebecca K. auszuzeichnen. Mitte Januar hatte man ihm einen Ablaufplan zukommen lassen, in dem der Ehrenpreis für Rebecca K. nicht auftauchte. Der Bürgermeister war beruhigt.

Ende Januar erschien eine Mitarbeiterin der Geschäftsstelle in Mittweida. Man beabsichtige nun doch, das Mädchen auszuzeichnen, teilt sie ihm mit. Er interveniert bei der Geschäftsstelle in Berlin, weist darauf hin, dass auch der ermittelnde Staatsanwalt nachdrücklich von der Preisverleihung abrate und bekommt zur Antwort, dies könne man nun nicht mehr ändern. Die Einladungen seien schon raus und ‚außerdem will das Mädchen es so‘.

Seiner Meinung nach hat das Bündnis eine falsche Entscheidung getroffen: »Es ist sicherlich noch genügend Zeit, wenn das Verfahren abgeschlossen ist; und es hat sich alles so zugetragen und stellt sich heraus, wie es jetzt Gegenstand der Preisverleihung war, dass man zu diesem Zeitpunkt die Preisverleihung auch noch hätte machen können.« Mit seiner Meinung stehe er nicht allein, fügt er hinzu. Er wisse von einigen Leuten, die ihre Teilnahme an der Feierstunde wegen Rebecca abgesagt hätten.

Der angerichtete Schaden ist groß. Denn die Rechts-extremisten frohlocken bereits, propagieren auf ihren Internetseiten Rebecca K. als ‚Lügnerin von Mittweida', schütten Häme und Spott über die 17-Jährige und ihre Unterstützer aus und schreiben von einem ‚Waterloo für das Gutmenschen-Bündnis'.

Dabei hat das beschauliche Städtchen Mittweida tatsächlich ein ernsthaftes Problem mit dem Rechts-extremismus. Im Frühjahr 2008 stehen fünf junge Männer vor dem Landgericht Dresden, die der Neonazi-Kameradschaft *Sturm 34* angehören. Die radikale Organisation hat in den vergangenen Jahren auch die Mittweidaer terrorisiert und eingeschüch-tert, Andersdenkende angegriffen und Brandanschlä-ge verübt.

Mittweidas Bürger wehrten sich. Das *Bündnis für Menschenwürde – gegen Rechtextremismus in Mittel-sachsen* hat in den Vorjahren zahlreiche Initiativen gestartet, um den Rechtsextremismus in der Region zu bekämpfen. Der Fall Rebecca K. beschädigt jetzt die Arbeit vieler ehrenamtlicher Helfer und stig-matisiert Mittweida und die Region. Der Ruf der Stadt hat gelitten.

Hinreichender Tatverdacht

Im Mai 2008 erhebt die Staatsanwaltschaft in Chem-nitz Anklage gegen Rebecca K. Nach ausgiebigen Er-mittlungen besteht nunmehr ‚hinreichender Tatver-dacht', dass die angebliche Straftat von der damals

17-Jährigen vorgetäuscht worden ist. Sie beantragt eine Verwarnung der Angeklagten sowie die Ableistung von 100 gemeinnützigen Arbeitsstunden.

Rebeccas Anwalt kann die Anklage nicht nachvollziehen. Er spricht von ‚halbherzigen Ermittlungen'. Nicht alle Anwohner des Tatortes seien als mögliche Zeugen gehört worden. Dazu komme, dass die Mutter der Sechsjährigen nicht gleich bei der ersten Vernehmung ihrer Tochter gesagt habe, dass sie und die Tochter zur Tatzeit gar nicht in der Stadt gewesen seien. Womöglich habe man die Familie eingeschüchtert und zur Korrektur der Aussage gezwungen. »Ich muss doch nur eine In-dubio-pro-reo-Situation hinkriegen«, sagt der Rechtsanwalt den Medien. »Es wird nie möglich sein, ihr nachzuweisen, dass sie sich die Schnitte beigebracht hat.« Und er fügt zur Bekräftigung hinzu: »Es gibt keine stichhaltigen Indizien, die eine Fremdbeibringung der Verletzung ausschließen.«

Im November 2008 wird Rebecca K. vom Amtsgericht Hainichen wegen Vortäuschens einer Straftat schuldig gesprochen.

Während des gesamten Prozesses wird die Öffentlichkeit durch die Jugendrichterin vom Prozess ausgeschlossen, da Rebecca K. bei der Tat erst 17 Jahre alt gewesen ist.

Insgesamt 27 Zeugen werden gehört, rechtsmedizinische Gutachten geprüft.

Rebeccas Verteidiger plädiert auf Freispruch. Die Indizienkette sei nicht vollständig. Die rechtsmedizinischen Gutachten findet er ‚nicht überzeugend'. Ein weiteres rechtsmedizinisches Gutachten, das er gefordert hatte, war abgelehnt worden.

Er erklärt später der Presse, bei Selbstverletzungen müsse auch immer ein ‚psychopathologischer Hintergrund' vorhanden sein, in der Psyche seiner Mandantin gebe es jedoch ‚kein Motiv'. Sie sei ‚ein ganz normales 18-jähriges Mädel'.

Im Urteil sieht es das Amtsgericht als erwiesen an, dass Rebecca K. Anfang November 2007 einen Überfall von Neonazis vorgetäuscht und sich selbst ein Hakenkreuz in die Haut geritzt hat. Als Strafe wird die Ableistung von 40 Arbeitsstunden verhängt.

Der Oberstaatsanwalt äußert sich gegenüber den Medien zufrieden über das Urteil. Allerdings, so fügt er hinzu, werde der Schuldspruch ‚Wasser auf die Mühlen bestimmter Kreise sein'. Das Urteil sei daher ‚für alle eine Niederlage'.

Der Verteidiger bemängelt, dass die Psyche seiner Mandantin nicht ausreichend untersucht worden sei. Sein Antrag auf ein psychologisches Gutachten sei abgelehnt worden.

In einem Nachrichtenbeitrag des MDR-Fernsehens sagt er: »Wir sind enttäuscht über das Urteil. Wir werden jetzt Rechtsmittel einlegen und dann die schriftlichen Urteilsgründe prüfen und dann mal schauen, was wir weiter machen. Ich gehe davon aus, dass Rechtsmittel in Form einer Berufung durchgeführt wird.«

Kurz darauf legt der Verteidiger von Rebecca K. die angekündigten Rechtsmittel gegen das Urteil vom 14. November 2008 ein. Das heißt, die Verteidigung und Rebecca K. erkennen das Urteil nicht an, sondern streben eine Berufung an.

Keinesfalls ein Schuldeingeständnis

Im Februar 2009 lässt Rebeccas Verteidiger der Presse mitteilen, dass seine Mandantin den Schuldspruch nunmehr doch akzeptiere. Auf ihren ‚ausdrücklichen Wunsch' nehme man die Rechtsmittel gegen das Urteil zurück. Darin sei aber ‚keinesfalls ein Schuldeingeständnis' zu sehen, teilt er weiterhin mit. Die inzwischen 19-Jährige halte an ihrer Schilderung des Vorfalls fest. Warum seine Mandantin trotz ihrer Unschuldsbeteuerung nun doch keine Berufung wolle, begründet der Rechtsanwalt damit, dass sie nicht in der Lage sei, ‚sich ein zweites Mal einer Hauptverhandlung von erheblicher Dauer mit einer entsprechenden medialen Beachtung auszusetzen'. Rebecca hoffe nun, ‚so schnell wie möglich ihre Ruhe wiederzufinden'. Damit ist das Urteil gegen Rebecca K. rechtskräftig.

Bereits im November 2008, nachdem das Urteil vor dem Amtsgericht Hainichen gesprochen worden war, hat Rebecca K. den Ehrenpreis für Zivilcourage in aller Stille zurückgegeben. In einem einfachen Umschlag ohne Anschreiben schickt sie die Urkunde an die Geschäftsstelle in Berlin. Das Bündnis erkennt jedoch die Rückgabe nicht an. Die Rücksendung sei ‚kein offizieller Akt' gewesen, sagt Monika Lazar im Frühjahr 2009 der Presse: »Sie hätte uns die Rückgabe direkt mitteilen müssen.« Öffentlich bekannt wird die Rückgabe erst Ende Februar 2009. Ihr Anwalt sagt der *Freien Presse*, seine Mandantin mache ‚keine Rechte mehr an dem Preis geltend. Ein Schuldeingeständnis sei dies jedoch nicht.'

Monika Lazar kommentiert dies wiederum als ‚Düpierung'.

Mittweida hingegen kämpft um seinen Ruf. Eine offizielle Entschuldigung für die Beschuldigungen, für den Skandal um die Ehrung einer Lügnerin, der weltweit für Aufsehen sorgte, gibt es nicht. Von niemandem. Der Oberbürgermeister schreibt deswegen an Bundesinnenminister Wolfgang Schäuble; Sachsens CDU-Generalsekretär Michael Kretschmer fordert Rebecca K. auf, sich bei der Stadt Mittweida zu entschuldigen, da sie die Bewohner ‚in Misskredit' gebracht habe.

Mitte März 2009 nimmt das *Bündnis für Demokratie und Toleranz* den Ehrenpreis für Zivilcourage für Rebecca K. zurück. Der Beirat gibt bekannt, seine getroffene Entscheidung zu ‚bedauern' und bietet den Vertretern der Stadt und zivilgesellschaftlichen Gruppen ein Gespräch an.

Dem Oberbürgermeister reicht das nicht. Er fordert, dass das Bündnis den Bürgern Mittweidas und der Öffentlichkeit gegenüber klarstellt, dass die Vergabe des Preises ein Fehler war.

Monika Lazar sieht in dieser Forderung ein Nachtreten und gibt bekannt: »Wir haben uns gegenüber den Mittweidaern nichts zu Schulden kommen lassen. Im Prinzip stehen wir zu der Entscheidung. Wir haben uns gesagt, das ist Zivilcourage, wie wir sie uns vorstellen.« und fügt hinzu: »Es hätte gutgehen können.«

»Wenn wir den Preis zurückgezogen hätten, wäre es wie eine Vorverurteilung des Mädchens gewesen«, sagt Cornelie Sonntag-Wolgast später. Auf ihrer Webseite erklärt sie zudem: »Wir hätten besser daran getan, die Verleihung des Ehrenpreises bis zum Abschluss der staatsanwaltlichen Ermittlungen auszusetzen.«

Warum ritzen sich Personen Hakenkreuze in die Haut?

In der Zeitschrift *Rechtsmedizin* (Ausgabe 3/2009) schreibt Professor Klaus Püschel: »Selbst verletzendes Verhalten (...) stellt im rechtsmedizinischen Untersuchungsgut keine Seltenheit dar. Das Beibringen von offensichtlichen Hautverletzungen hat oft demonstrativen sowie appellativen Charakter und wird als fremd zugefügt vorgewiesen, um Aufmerksamkeit und Unterstützung zu erlangen (,Schrei nach

Hilfe'). Hierbei handelt es sich um eine spezielle Form der ‚offenen' Selbstverletzung. Bezüglich des spurentechnischen Vergleiches realer und fingierter Überfälle gibt es überzeugend evaluierte Kriterien der rechtsmedizinischen Beurteilung (…).«

Vorgetäuschte Straftaten gehören leider zum Alltag der Gerichtsmedizin. Anhand welcher Anhaltspunkte erkennt ein Rechtsmediziner, dass ein vermeintliches Opfer sich die Verletzungen selbst zugefügt hat?

Professor Püschel nennt folgende Kriterien:

- Die Hautverletzungen finden sich stets vorn oder seitlich am Körper.
- Die Hautverletzungen finden sich im Bereich von für die eigene Hand leicht zugänglichen, vergleichsweise wenig schmerzempfindlichen Körperregionen unter Aussparung z.B. von Augen, Mund, Brustwarzen.
- Alle Hautritzverletzungen sind gleichförmig, geradlinig, oberflächlich, z.T. parallel, symmetrisch, einzelne auch spiegelverkehrt, insgesamt aber sehr filigran, wie gezeichnet.
- Gelegentlich kommen weitere Hautritzverletzungen vor, z.B. ‚SS-Runen' oder sonstige Ritzverletzungen.
- Beschädigungen und (Blut-)Spuren der Kleidung – soweit vorhanden – erweisen sich als inkongruent (nicht übereinstimmend, Anm. d. V.) oder

unpassend im Hinblick auf das Verletzungsmuster.

- Die Täter werden typischerweise als besonders bedrohlich dargestellt, körperlich überlegen, dunkel gekleidet, z.t. mit Lederkleidung, Jacken, Stiefeln.
- Nicht selten erfolgen Hinweise auf Ausländer oder rechtsradikal erscheinende Typen, z.B. ‚Glatzen', ‚skins'.

Ein Nazisymbol, z. B. das Hakenkreuz, betont in diesen Fällen, so schreibt es Professor Klaus Püschel, ‚den besonderen brutalen Charakter der Gewalt und die Stärke der Bedrohung, das Ausgeliefertsein, die Hilflosigkeit, Unterwerfung, Wehrlosigkeit; andererseits werden besonders die niedrige Gesinnung des (...) Täters und dessen diktatorische Gewalt hervorgehoben. Die eigene Hilflosigkeit und Bedrohung erscheinen symbolhaft überzeichnet. Durch die Tabuverletzung des Hakenkreuzes als verbotenes Symbol (...) wird die appellative Wirkung der erlittenen Verletzungen verstärkt.'

Warum aber verletzt sich jemand selbst und schiebt die Schuld daran dann anderen in die Schuhe?

Im Vordergrund steht lt. Annegret Eckhardt ein ‚autotherapeutischer Effekt', der innere Spannungen, Leere oder Desintegration abbauen soll. Eine Verletzung sei, so schreibt sie, ‚potenter' als irgendwelche Medikamente (Eckhardt, Die heimliche Selbstbeschädigung (artifizielle Störung) – Ansprechen und Therapiemotivation in Selbstbeschädigung – Forensische Bewertung und Therapiemöglichkeiten, Schmidt-Römhild, S. 129-138).

Das Spektrum der zugrunde liegenden psychopathologischen Störungen reicht hierbei von neurotischen bis hin zu schweren wie narzisstischen oder Borderline-Störungen. Die Wunde wird als Appell an die Umwelt verstanden, sich endlich der verletzten Person anzunehmen.

Claudia Puhlfürst

Hilferuf aus dem Kofferraum

Am 24. Dezember 2008 geht morgens kurz vor 5:00 Uhr bei der Einsatzzentrale der Regensburger Polizei ein Notruf ein. Die Beamten hören die verzweifelte Stimme einer jungen Frau. Sie teilt ihnen mit, dass sie von einem Fremden mit einem Messer bedroht und im Auto mitgenommen wurde, und er sie umbringen wolle, wenn sie ‚Stress mache'.

Sarah – ein 16-jähriges Mädchen – erzählt, dass sie zu Fuß auf dem Weg von ihrer Wohnung zu einer Bushaltestelle am Hauptbahnhof unterwegs gewesen sei, um von dort aus zu ihrem Arbeitsplatz, einem Einkaufsmarkt im nördlichen Landkreis Regensburg, zu fahren. Plötzlich habe neben ihr ein Fahrzeug angehalten, der Täter sei ausgestiegen und habe sie mit vorgehaltenem Messer gezwungen, sich in den Kofferraum seines Autos zu legen. Dass Sarah ein Handy dabeihat, entgeht dem Kidnapper.

Das Gespräch der Polizei mit dem Mädchen im Kofferraum dauert mehrere Minuten. Die Beamten versuchen herauszufinden, wo sich das Auto gerade befindet und um was für einen Wagen es sich handelt, haben jedoch keinen Erfolg. Es gelingt ihnen auch in dem kurzen Zeitraum nicht, das Handy zu orten. Nach dem ersten Telefonat bricht der Kontakt ab, die Polizei kann die junge Frau im Kofferraum nicht mehr erreichen. Solch eine Situation hat auch der Chefermittler aus Regensburg noch nie erlebt.

Die Beamten leiten sofort alle erforderlichen Suchmaßnahmen ein. Viereinhalb Stunden später bekommen sie einen überraschenden Anruf.

Sarah wurde am Bahnhof in Linz - in Österreich – aufgefunden. Was ist passiert?

Massive Zweifel?

Die Polizei in Linz befragt die 16-jährige. Sarah schildert noch einmal die Entführung in Regensburg, wie sie vom Kofferraum aus die Polizei angerufen und der Täter nach ein paar Minuten mitbekommen hat, dass sie telefoniert. Er habe angehalten, sei ausgestiegen und habe das Handy in den Straßengraben geworfen.

Später - so Sarah - hält der Täter in einem Waldstück im Grenzgebiet an, zerrt sie aus dem Kofferraum und vergewaltigt sie. Dann zwingt er sie, wieder einzusteigen. Am Bahnhof in Linz stößt er sie aus dem Auto, nachdem er ihr gedroht hat, sie umzubringen, falls sie zur Polizei geht. Sarah jedoch lässt sich nicht einschüchtern, begibt sich sofort zum nächstgelegenen Polizeirevier, um die Tat anzuzeigen. Den Täter beschreibt sie als groß und massig, mit einem Oberlippenbart. Das Auto sei silbergrau gewesen, eine viertürige Limousine mit Heckspoiler. Die Polizei in Linz glaubt ihr zuerst nicht so recht; vielleicht, weil sich Sarah anfangs in ihrer Aufregung nicht klar äußern kann. Der Polizeichef der Stadt teilt sogar gegenüber der Nachrichtenagentur *APA* mit, es bestünden ,massive Zweifel' an der Darstellung des Tathergangs, angeblich habe das Opfer ,widersprüchliche Aussagen' gemacht.

Die Regensburger Beamten, die Sarah vom Kofferraum aus angerufen hat, jedoch zweifeln *nicht*. Sofort nach der Benachrichtigung, dass die 16-Jährige in Linz aufgefunden worden ist, machen sie sich auf den Weg nach Österreich. Sie gehen von einer schweren Straftat aus.

Das Mädchen kann ihren Peiniger recht genau beschreiben: Ein Mann im Alter von etwa 26 bis 28 Jahren, etwa 1,85 Meter groß, von dicklicher Statur mit Bauchansatz, der einen Oberlippen- und einen Kinnbart trägt. Bei der Tat hat er ein rotes Sweatshirt mit einer schwarzen Aufschrift, deren Buchstaben weiß eingerahmt waren, blaue Jeans und weiß-rote Turnschuhe getragen. Er hat mit bayerischem Dialekt gesprochen.

Inzwischen haben die Beamten auch im Umfeld der 16-Jährigen recherchiert. Sie gilt als zuverlässig und pünktlich. Dass sie sich die Tat nur ausgedacht hat, um sich interessant zu machen, ist nahezu ausgeschlossen.

Die Kripo versucht nun, den Tatort der Vergewaltigung ausfindig zu machen. Das Mädchen hat sehr detaillierte Beschreibungen geliefert. Nach seinen Angaben ist dort, als die Tat geschah, in nur wenigen Metern Entfernung ein Jogger vorbeigekommen.

Am 27. Dezember fahren die Ermittler mit Sarah und ihrer Mutter das Gebiet ab, wo die Vergewaltigung passiert sein könnte. Das Mädchen erinnert sich daran, dass ihr Peiniger rückwärts in eine Parkbucht gefahren ist. Kurz vor der Tat sei ein Jogger mit roter Trainingshose, Blouson und schwarzer Mütze vorbeigekommen. Auch kann sie eine OMV-Tankstelle beschreiben, an der der Täter Rast gemacht hat, dazu eine bemalte Lärmschutzwand. Das Autokennzeichen des Täters enthält - so erinnert sie sich - den Buchstaben M.

Eine grenzüberschreitende Fahndung wird eingeleitet. Der Vergewaltiger hat Sarah erzählt, er sei auf der Fahrt nach Linz zweimal kurz hintereinander geblitzt worden. Jetzt gibt es eine heiße Spur. Die Kripo durchforstet akribisch alle Aufnahmen der Fahrzeuge im fraglichen Zeitraum nach einem silberfarbenen Auto mit einem M im Kennzeichen. Der Fahndungsdruck auf den Täter wächst.

Die Spur führt nach Sachsen

Inzwischen prüft die Polizei eine Verbindung zu mehreren Sexualdelikten in Sachsen. In Chemnitz hat es in den Tagen vor Weihnachten ähnliche Fälle gegeben, bei denen es Übereinstimmungen in der Beschreibung des Täters und des silberfarbenen Autos gibt.

Am Sonnabend, dem 20. Dezember, fällt ein Täter gegen 1:00 Uhr in Chemnitz die 18-jährige Stefanie an, bedroht sie mit dem Messer und sperrt sie in den Kofferraum seines silbernen Autos. Er fährt mit ihr an einen unbekannten Ort und vergewaltigt die junge Frau dort. Später versucht er, sie in der Nähe von Colditz umzubringen.

Am 24. Dezember gegen 0:40 Uhr erfolgt ein weiterer Überfall in Chemnitz.

Nur vier Stunden vor der Entführung der 16-jährigen Sarah in Regensburg hat in Chemnitz ein Mann, auf den die Beschreibung zutrifft, eine 17-Jährige mit dem Messer bedroht und versucht, sie in seinen Kofferraum zu zwingen. Das Mädchen kann zu ihrem Glück fliehen.

Von Chemnitz bis Regensburg sind es etwa 270 Kilometer - eine Fahrt von etwa zweieinhalb bis drei Stunden. Hat der Vergewaltiger sein ‚Glück' zuerst in Chemnitz versucht und ist nach dem Scheitern nach Regensburg gefahren?

Zeitlich könnte es passen. Während die Beamten in Regensburg weiter ermitteln, bleiben auch die Beamten in Sachsen nicht untätig. Besonders der Fall der entführten 18-jährigen Stefanie aus Chemnitz vom 20. Dezember steht im Fokus. Wenn es sich um den gleichen Täter handelt, so ist er nicht nur der Vergewaltigung schuldig, sondern hat auch versucht, eines seiner Opfer umzubringen. Doch was ist am 20. Dezember genau geschehen?

Mordversuch in Colditz

Am 20. Dezember 2008 gegen 1:00 Uhr begibt sich eine junge Frau in Chemnitz auf den Heimweg. Stefanie hat die Disko *Fuchsbau* in der Nähe des Hauptbahnhofes besucht und will nun durch die Stadt nach Hause laufen.

Plötzlich hält ein Opel Astra direkt vor ihr. Ein junger Mann springt aus dem Auto, zückt ein Messer und droht ihr, dass er sie umbringen wird, wenn sie nicht tut, was er sagt. Stefanie wird in den Kofferraum des Opels verfrachtet.

Der Entführer braust mit seinem Opfer davon, fährt eine scheinbare Ewigkeit durch die Nacht, irgendwann hält er schließlich und fordert sie auf, auszusteigen. An einer abgelegenen Stelle versucht der Mann dann, Stefanie zu vergewaltigen. Anschließend zwingt er sie, sich wieder in den Kofferraum zu legen und fährt davon.

Als die junge Frau erneut aussteigen soll, befinden ihr Peiniger und sie sich an einer Brücke. Später werden die Ermittler herausfinden, dass es eine stillgelegte Eisenbahnbrücke in Lastau, einem Ortsteil von Colditz, ist.

Der Täter zerrt Stefanie auf die Brücke. Nur ein rostiges Eisengeländer trennt sie von der Mulde, die in etwa acht bis zehn Metern Tiefe vorbeirauscht. Er befiehlt der 18-Jährigen, über das Geländer zu steigen und von der Brücke zu springen. Als sie sich weigert, packt er die junge Frau, hebt sie hoch und hievt sie über das Geländer. Stefanie kann sich festhalten, klammert sich in Todesangst an die Eisenstangen, doch es nützt ihr nichts. Der Täter schlägt solange auf ihre Finger ein, bis sie loslässt und in die Tiefe stürzt. Dann verschwindet er vom Tatort.

Die Mulde ist hier nur knietief, der Grund von Felsbrocken und Steinen bedeckt. Hinzu kommt, dass das Wasser jetzt, im Dezember, nur etwa vier Grad kalt ist. Stefanie jedoch überlebt den Sturz aus acht Metern Höhe wie durch ein Wunder. Weder erleidet sie schwerere Verletzungen, noch wird sie durch den Aufprall bewusstlos.

Sie kann sich ans Ufer retten und schafft es bis zu einer nahe gelegen Straße. Zwei junge Männer, die mit dem Auto vorbeikommen, finden die junge Frau gegen 3:30 Uhr und rufen die Polizei. Noch am selben Tag wird Stefanie im rechtsmedizinischen Institut in Leipzig untersucht.

Sie hat zahlreiche frische Verletzungen: rötliche Hauteinblutungen an der linken Halsseite, Rötungen und Schwellung der Haut im Bereich der linken

Gesäßhälfte, Hautabschürfungen an der linken Rückenhälfte und oberhalb der rechten Leistenbeuge, Rötungen, Schwellung, Hautabschürfungen und Druckschmerzen an der linken Handinnenfläche und am linken Handrücken, Abschürfungen und Blutungen am linken Bein und Lauf- und Druckschmerzen; so bezeichnet man Schmerzen, die beim Bewegen, also zum Beispiel beim Gehen auftreten. Die Verletzungen können durch Gewalteinwirkung des Täters, Schürfen über Kofferraumklappe oder Brückengeländer, Schläge auf die Hände und auch beim Aufprall auf die Wasseroberfläche und Steine entstanden sein.

Zusammenfassend schreibt der Rechtsmediziner: »Durch den angegebenen Sturz in die Mulde von einer Brücke bestand Lebensgefahr, z. B. durch Sturzverletzungen, Ertrinken, Unterkühlung.«

Stefanies Peiniger wird noch weitere Opfer quälen, ehe man ihm auf die Spur kommt. Die rechtsmedizinischen Beweise jedoch, die durch die Untersuchung der jungen Frau gefunden wurden, werden später im Gerichtsprozess noch von entscheidender Bedeutung sein.

Der ‚Kofferraum-Vergewaltiger' wird gefasst

Nach den Angaben von Sarah aus Regensburg werden systematisch die infrage kommenden Autos verglichen. Schnell finden die Ermittler eine erfolgversprechende Spur. Bei dem Auto, das mit mehr als dreißig Stundenkilometern über der vorgeschriebenen Höchstgeschwindigkeit geblitzt worden ist, handelt es sich um einen silberfarbenen Opel-Astra mit Heckspoiler und den Buchstaben MW für Mittweida im Kennzeichen. Alles stimmt mit der Beschreibung des vierten Opfers überein - sogar das M im Autokennzeichen passt.

Über die örtlichen Polizeidienststellen läuft nun die Überprüfung der Fahrzeuge und ihrer Halter an, und nach kurzer Zeit weiß man, wem der Opel gehört. Das Fahrzeug ist auf eine Frau aus Mittweida zugelassen. Sie hat es allerdings in der Tatnacht und auch später nicht gefahren. Der Fahrer war ihr Sohn, Sebastian. Ist er der Vergewaltiger?

Sebastian war über die Weihnachtsfeiertage zu Hause. Seine Eltern wohnen zwar in der Nähe von Chemnitz, er selbst jedoch arbeitet in Österreich und hat eine Wohnung in Biberbach im Bezirk Amstetten. Die Personenfahndung nach Sebastian G. wird ausgelöst. Er gilt als dringend tatverdächtig.

Am Dienstag, dem 30. Dezember 2008, meldet sich gegen 20:45 Uhr ein 25-Jähriger auf der Polizeiwache am Berliner Hauptbahnhof. Es ist der gesuchte Sebastian G. Er hat dem intensiven Fahndungsdruck nicht mehr standgehalten. Sebastian G. wird festgenommen und noch in der Nacht zum Mittwoch den Beamten der Chemnitzer Polizei übergeben, die gekommen sind, um ihn abzuholen.

Der silberne Opel Astra wird in Österreich sicher-gestellt, G. hat das Auto dort nach der Freilassung von Sarah stehenlassen, um mit dem Zug nach Berlin zu fahren.

Sebastian G. gibt die Taten zu. In den Vernehmungen zeigt er ‚absolute Reue' und bricht ab und an in Tränen aus, wie es ein Beamter der Chemnitzer Polizei der Presse sagt.

Selbstmitleid?

Allmählich kristallisiert sich ein Bild des Täters heraus. Sebastian G. ist ein ‚Weichei' - scheinbar jemand, der keiner Fliege etwas zuleide tun kann. Wie konnte es dennoch zu seinen Taten kommen? Wer ist dieser Mann, den alle nur noch den Kofferraum-Vergewaltiger nennen?

Die ‚Sex-Bestie'

Sebastian G. wird 1983 in einer Kleinstadt nahe Chemnitz geboren. Er geht zur Schule, absolviert eine Lehre und arbeitet als Mechaniker. Der Junge gilt als Außenseiter, lebt isoliert. Freundinnen hat er keine. Bis auf ein Drogendelikt fällt er niemandem auf. Auch in seiner Firma in Niederösterreich, wo Sebastian G. arbeitet, kennt ihn niemand näher, auch hier bleibt er ein Einzelgänger.

Bei seiner Vernehmung schildert der 25-Jährige, dass er vor seinem Umzug nach Österreich Marihua-naabhängig gewesen sei, seitdem jedoch keine Drogen mehr konsumiere, da er eine Entziehungskur gemacht habe.

Der Kontakt nach Sachsen bleibt bestehen. Seine Familie wohnt in der Nähe von Chemnitz. Sebastian G. besucht sie regelmäßig, stets auch an den Weihnachtsfeiertagen. Im Dezember 2008 ist es wieder so weit. Der junge Mann fährt am 19. Dezember in den Weihnachtsurlaub in seinen Heimatort. Er ist frustriert, äußert in der Vernehmung, dass er keine Freunde mehr habe, seit er nach Österreich gezogen sei.

Von zu Hause aus unternimmt er Fahrten mit dem silbernen Opel Astra seiner Mutter. In der Nacht zum 20. Dezember ist er in Chemnitz unterwegs. Gegen 1:00 Uhr trifft er auf Stefanie, kidnappt sie, um sie zu vergewaltigen und zwingt sie später, von der Brücke bei Colditz in die Mulde zu springen.

Drei Tage bleibt er daraufhin daheim - angeblich plagen ihn Magenschmerzen. In der Nacht vom 23. auf den 24. Dezember zieht Sebastian G. wieder los.

Gegen 1:00 Uhr will er sich in Chemnitz ein 17-jähriges Mädchen schnappen, die Tat jedoch misslingt, weil sich das Opfer zu heftig wehrt. Sebastian G. lässt von dem Mädchen ab, rast davon. Nur vier Stunden später greift er sich in Regensburg die sechzehnjährige Sarah. Die Stadt kennt er, ein Freund hat hier studiert.

Er fährt mit Sarah im Kofferraum in das rund 230 Kilometer entfernte Linz, entdeckt kurz nach der Abfahrt, dass sie telefoniert und hält an, um ihr das

Handy wegzunehmen Er wirft das Mobiltelefon weg - die Polizei kann es so zwar orten, jedoch ist der Entführer mit dem Mädchen zu dem Zeitpunkt bereits über alle Berge. Um 6:37 Uhr wird Sebastian G. geblitzt.

Seinen Angaben nach will er mit Sarah zuerst in seine Wohnung fahren, entscheidet sich dann aber dagegen. Die Gefahr, gesehen zu werden, ist zu groß. Gegen 8:00 Uhr hält er unterwegs an und vergewaltigt das Mädchen. Danach fährt er weiter, kauft ihr unterwegs noch an einer Tankstelle eine Cola - Sarah ist vor Angst so gelähmt, dass es ihr nicht gelingt, um Hilfe zu rufen - und lässt sie am Hauptbahnhof in Linz aussteigen, nachdem er ihr 50 Euro ‚für die Heimfahrt' gegeben hat.

Sebastian G. bringt das Auto in seinen Wohnort und stellt es in einem Parkhaus in Amstetten ab. Danach setzt er sich in den Zug. Seinen Angaben nach hat er vor, über München und Stuttgart nach Paris zu fahren, um bei der Fremdenlegion anzuheuern. Dann will er es sich anders überlegt haben und fährt statt nach Paris über Köln nach Berlin. Hier sieht er im Fernsehen die Berichte von der Fahndung, hört schließlich seinen eigenen Namen, sieht sein Foto. Sebastian G. erkennt, dass es aus ist. Er kann nicht mehr davonlaufen.

Die *Sex-Bestie* - so nennen ihn mittlerweile die Boulevardmedien - kommt in die Untersuchungshaft nach Chemnitz. Zu seinem Motiv schweigt er. Im März 2009 erhebt die Staatsanwaltschaft Leipzig wegen Mordversuchs und Vergewaltigung Anklage gegen Sebastian G.

Wer jemanden von einer Brücke wirft, nimmt den Tod nicht nur billigend in Kauf, sondern beabsichtigt ihn

Im Mai 2009 beginnt der Prozess vor dem Leipziger Landgericht. Sebastian G. hat sich eine schwarze Strickjacke über den Kopf gezogen und hält sich mehrere Blatt Papier vors Gesicht, damit die zahlreich erschienen Medien ihn nicht fotografieren können. Die *Bild-Zeitung* titelt tags darauf: »Der pummelige junge Mann, der sich hier so ängstlich versteckt, ist einer der skrupellosesten Sex-Gangster der letzten Jahre! (…)«

Ist Sebastian G. tatsächlich ein skrupelloser Gangster, eine *Sex-Bestie*, jemand der billigend den Tod eines Opfers in Kauf nimmt?

Die Staatsanwaltschaft wirft ihm versuchten Mord, Freiheitsberaubung sowie Geiselnahme und Vergewaltigung in zwei Fällen vor. Der 25-Jährige hat die Taten gestanden. Eine Tötungsabsicht jedoch bestreitet er.

Wie kann man beweisen, dass G. sein erstes Opfer, die achtzehnjährige Stefanie aus Chemnitz, töten wollte, auch wenn er selbst dies abstreitet? Hier kommen nun die Gutachter ins Spiel.

Der Rechtsmediziner erläutert vor Gericht die Verletzungen des Opfers und wie sie zustande gekommen sind, und erklärt auch, dass dem Täter durchaus bewusst gewesen muss, dass Stefanie bei dem Sturz von der Brücke hätte sterben können.

Der Sturz von der Eisenbahnbrücke in die Mulde aus einer Fallhöhe von 8,32 Metern ist einem Sturz aus dem zweiten Stock vergleichbar. Die Folgen eines solchen Sturzes können dramatisch sein: von Prellungen über Unterschenkelbrüche bis hin zu Rippenbrüchen und Verletzungen von Schädel und Gehirn. Analog entspricht solch ein Sturz einem Anfahrunfall eines Kraftfahrzeuges auf einen Fußgänger mit etwa 45 Stundenkilometern, bei dem schon tödliche Verletzungen auftreten können.

Auch die Beschaffenheit des Untergrundes, auf den der Körper auftrifft, ist von entscheidender Bedeutung für mögliche Verletzungen. Bei einem ‚Paketsprung' aus zehn Metern Höhe braucht der Körper eine Mindestwassertiefe von 1,60 Metern, um ‚abbremsen' zu können. Bei Paketsprüngen umfasst der Springende die angewinkelten Knie mit den Armen, das Gesäß berührt beim Eintauchen die Wasseroberfläche zuerst (‚Arschbombe').

Stefanie hat nun aber weder einen risikoarmen Paketsprung gemacht, noch ist sie auf eine Wassertiefe von mindestens 1,60 Metern getroffen.

Die Mulde, in die das Opfer gefallen ist, hat unter der Brücke wie erwähnt nur eine Tiefe von 60 bis 80 Zentimetern. Bereits ab einem bis zwei Metern Fallhöhe kann eine Querschnittslähmung durch Genickbruch eintreten.

Hinzu kommt eine schnelle Unterkühlung durch das nur vier bis sechs Grad kalte Wasser. Die Folgen von Unterkühlung sind Erschöpfung, Muskelsteife und nachfolgend Bewusstlosigkeit. Bei einer Wassertemperatur von vier bis sechs Grad würde der Tod nach etwa 15 bis 45 Minuten eintreten.

Um Sebastian G. eine Tötungsabsicht nachzuweisen, muss man zudem beurteilen, ob er sich der Situation auf der Brücke und der Folgen eines Hinabstoßens bewusst gewesen ist. Sebastian G. hat sein Opfer zuerst vergewaltigt. Danach will er sie umbringen, um die Tat zu vertuschen. Der Täter konnte sowohl die Fallhöhe von der Brücke als auch die Eintauchtiefe im Wasser abschätzen. Demgegenüber konnte er nicht wissen, wie tief das Wasser an dieser Stelle sein würde und in welcher Körperhaltung sein Opfer auftreffen würde. Somit musste er mit ‚lebensgefährlichen Komplikationen' bei dieser Fallhöhe rechnen.

Es gab nur zwei mögliche Szenarien:

- War das Wasser an dieser Stelle flach, dann drohten dem Opfer Schädelbruch, Genickbruch, Gehirnerschütterung oder Bewusstlosigkeit - all dies hätte nachfolgend zu Ertrinken geführt. Auch Bein- oder Beckenbrüche würden durch die daraus resultierende Unbeweglichkeit zu einer Unterkühlung geführt haben, die den Tod des Opfers bedeutet hätte.

- War das Wasser an dieser Stelle tief, hätte das Abtreiben mit dem Strom ebenfalls eine rasche Unterkühlung herbeigeführt, die den Tod von Stefanie zur Folge gehabt hätte. Sogar, wenn es ihr schnell genug gelungen wäre, sich ans Ufer zu retten, hätten die Unterkühlung durch die nasse Kleidung und die Erschöpfung zum Tod führen können.

Auch Stefanie selbst sagt in der Hauptverhandlung aus. Sie beschreibt den entsetzten Zuhörern und dem Gericht noch einmal den Ablauf des Geschehens in jener Nacht:

»(…) Ich war am 20. Dezember etwa gegen 1:00 Uhr zu Fuß auf dem Weg von der Disko nach Hause. Neben mir auf der Straße hat ein Auto angehalten, ein Mann ist ausgestiegen und hat mich mit einem Messer gezwungen, in den Kofferraum zu steigen. Dann ist er losgefahren. Später hielt er an, hat mich teilweise entkleidet, an den Brüsten angefasst und gestreichelt, auch zwischen den Beinen. Er hat mich auf die linke Schulter geküsst. Dann hat er mich nach vorn über die Kofferraumkante gebeugt und versucht, mich zu vergewaltigen. Das ging nicht, weil ich zu verkrampft war. Dann musste ich wieder in den Kofferraum einsteigen, der Mann fuhr weiter. An einem Parkplatz an der Mulde hat er angehalten, und ich musste aussteigen. Er ist mit mir auf eine Brücke über der Mulde gegangen und hat mich aufgefordert ‚Spring!‘, doch ich habe mich geweigert. Da hat er mich an der Hüfte hochgehoben und über die Brüstung geworfen. Ich hing außen am Geländer. Er hat meine Hände weggeschlagen. Ich bin mit dem Rücken aufgeschlagen und hatte Bodenkontakt. Das Wasser war knietief. Dann bin ich ans Ufer gegangen. Ich habe gefroren.« Sie fügt noch hinzu: »Ich hatte Todesangst. Heute habe ich alles verdrängt, ich gehe abends nicht mehr allein aus dem Haus, habe Angst. Ich kann seitdem nur schlecht schlafen und mich in der Schule nicht konzentrieren.«

Sebastian G. sieht das Ganze nicht so dramatisch, äußert, er habe sie nicht töten wollen, dachte, sie wird sich nur leicht verletzen. Sebastian G. ist 187 cm groß und 110 kg schwer. Sein Opfer Stefanie hingegen wiegt nicht einmal 60 Kilogramm bei 1,65 Metern. Außerdem kannte G. die Brücke und hatte durch Sprünge vom Zehnmeterbrett im Schwimmbad Erfahrungen mit Sprüngen aus größerer Höhe. Sebastian G. hat sehr wohl gewusst hat, wie lebensgefährlich ein Sturz aus dieser Höhe sein konnte und dass seine Aussage, er ,dachte, sie wird sich nur leicht verletzen' eine reine Schutzbehauptung ist.

Im Juni 2009 wird das Urteil gegen den *Kofferraum-Vergewaltiger* gesprochen. Sebastian G. trägt an diesem Tag ein schwarzes Jackett - allerdings nicht ordentlich am Körper, sondern halb über den Kopf gezogen. Erst nachdem der Vorsitzende Richter die Fotografen ermahnt hat, nachdem das Blitzlichtgewitter aufgehört hat, zeigt G. sein Gesicht.

Die Haare trägt er jetzt in einem Igelschnitt. Er wirkt gefasst.

»Wir haben einen aufsehenerregenden Fall vor uns«, sagt der Vorsitzende Richter. Sehr selten nur komme es vor, dass ein Angeklagter die Spuren seines Verbrechens durch Deutschland und das angrenzende Ausland zieht. »Wer jemanden von einer Brücke wirft, nimmt den Tod nicht nur billigend in Kauf, sondern beabsichtigt ihn sogar«, begründet er das Urteil.

Das Landgericht Leipzig verurteilt Sebastian G. zu lebenslanger Haft wegen versuchten Mordes, Vergewaltigung und Entführung und bestätigt ihm eine ,massive kriminelle Energie'. Er habe großes Glück gehabt, dass seinem ersten Opfer ,kein schwereres Unheil entstanden ist'. Positiv wird dem Täter angerechnet, dass er durch sein Geständnis den Opfern die aufreibende Verhandlung erspart hat. Er habe zudem ,echte Reue' gezeigt, befindet das Gericht weiter, und sich für die Taten entschuldigt.

Die Anwälte der Opfer sind mit dem Urteil zufrieden. Es bringe für die jungen Frauen die Möglichkeit, mit dem Geschehenen abzuschließen.

Nur G.s Anwältin kann sich nicht damit abfinden. Sie will auf jeden Fall in Revision gehen. »Selbst bei einem versuchten Mord ist es unüblich, dass die Strafe nicht gemildert wird«, sagt sie der Presse.

Die Revision wurde vom Bundesgerichtshof verworfen - das Urteil ist damit rechtskräftig.

Die Autoren

Puhlfürst, Claudia

Kriminelle Schreibtischtäterin aus Sachsen.
Spezialgebiet Humanethologie und nonver-
bale Kommunikation. Schreibt Fachliteratur
und Kinder-Mitmach-Bücher.
www.puhlfuerst.com

Scheffler, Ethel

Lebt und arbeitet als waschechte Leipzigerin
noch heute in ihrer Geburtsstadt. Schreibt
über wahre Fälle, fiktive Kurzkrimis und regi-
onales Geschehen.
www.scheffler-stories.de

Schieck, Andreas

Stammt aus dem Erzgebirge, schreibt kriminelle Kurzgeschichten, filmt und tritt mit ver-
schiedenen Programmen auf. Endet schon
einmal auf der Opernbühne.
www.mordserzgebirge.de

Schimunek, Uwe

Leipziger Journalist und Autor. Veröffentlicht historische Kriminalromane, Kurzgeschichten sowie Kinder- und Jugendliteratur.
www.uwe-schimunek.de

Schüler, Wolfgang

Rechtsanwalt, Schriftsteller und Journalist. Veröffentlicht seit 1982, inzwischen über ein Dutzend Kriminalromane, Sachbücher und Gerichtsberichte.
www.wolfgang-schueler.de

Tannhäuser, Sylke

Schreibt Kriminalromane und Literatur mit Bezug zu Sachsen verschiedener Genres. Betreibt eine Schreibschule für angehende Autoren.
www.sylke-tannhäuser.com

Zäuner, Günther

Schriftsteller, Drehbuchautor, Journalist, Regisseur. Schwerpunktthemen Organisierte Kriminalität, Drogen, Sekten, Rechtsextremismus, Terrorismus, Politik.
www.guenther-zaeuner.at

Die Autoren sind Mitglied von FürWort.

Über FürWort

FürWort Verein für Mitteldeutsche Literatur ist ein eingetragener gemeinnütziger Verein, der für alle Literaturrichtungen offen ist. Er ist Heim und Forum, Probierstube, Bühne, Lehrkabinett, Schmelztiegel und manchmal auch ein Spektakel. Die Mitglieder lesen, dichten und schreiben und führen regelmäßig Veranstaltungen durch, um in Kontakt mit Leser*innen zu kommen. Lesungen, Kurse, Literaturveranstaltungen, Autorengespräche, Performances, Schreibwettbewerbe fördern die Liebe zur Literatur.

Wir nehmen neue Tendenzen wahr und unterstützen junge und unbekannte Autoren und ihre Texte. Auch mit Kindern und Jugendlichen arbeiten wir zusammen, um ihnen das Lesen, die Literatur und unsere Schriftsteller nahezubringen und nicht zuletzt Sprachkompetenzen zu fördern. Viele unserer Programme entsprechen dem Lehrplan und bereichern damit den Schulunterricht. Sprechen Sie uns an, gern führen wir auch bei Ihnen Veranstaltungen durch.

Das Motto ‚FürWort' ist für uns Programm.
www.fuerwort.org

Eine kleine Programmauswahl für Kinder und Jugendliche von FürWort

Stuchbaben - Malto-Sortale
(für Kinder von 6 bis 8 Jahren)

Auf geht's ins Kuddelmuddel-Buchstaben-Land! Lasst uns dort gemeinsam auf Entdeckungsreisen gehen und erleben, wie viel Spaß es machen kann, wenn man mit Buchstaben und Wörtern spielt. Da sind Ratespaß und Erfindergeist gefragt. Und natürlich Fantasie!

Auf nach Fantasinien!
(für Kinder von 5 bis 8 Jahren)

Dieses Land findet man auf keinem Globus und in keinem Atlas. Welche Tricks man benutzen kann, um trotzdem dorthin zu gelangen, wird gemeinsam mit den Zuhörern ausprobiert. Ihr seid herzlich eingeladen, mit auf die Reise zu gehen: in einer Lesung zum Mitträumen und Sich-Mitbewegen, zum Mitreimen und Mit-Schauspielern.

Weihnachtsgeschichten aus Sachsen
(ab Klassenstufe 1)

In Interaktion erhalten die Kinder einen Überblick über Weihnachtsbräuche und erfahren, wie sie entstanden sind. Ausgehend von eigenen Erfahrungen entdecken sie, dass die Wiege der bekanntesten Bräuche in Sachsen steht. Sie erkennen den Advent als Zeit der Stille und Vorfreude und das Weihnachtsfest als Gelegenheit zum Geben und Nehmen abseits von materiellen Wünschen.

Du bist der Detektiv
(ab Klassenstufe 2)

Mitmachaktionen und Rätselkrimis für Kinder. Wir besprechen gemeinsam:
- Was ist eigentlich ein Detektiv?
- Was macht ein Detektiv?
- Welche Detektive kennt ihr?
- Was sind eigentlich Rätselkrimis?

Vorlesen und Mitraten. Jetzt werden die Kinder selbst zum Detektiv! Vier Stationen sind möglich zum Spuren lesen, Fingerabdrücke nehmen, Geheimschriften entwickeln.

Probiere dich aus und lies dich schlau
(ab Klassenstufe 2)

In Interaktion mit den Kindern werden zwei Tierdetektive vorgestellt: der Kater Leo Rosenkranz und der Mops Parzival Panzer. Ein Autor liest eine Rätselgeschichte vor. Gemeinsam wird besprochen, was in der Geschichte passiert ist. Gleichzeitig wird gerätselt, wie man herausbekommt, was welche Figur angestellt hat.

Reise in die Vergangenheit
(ab Klassenstufe 2)

Auf einmal diskutieren Kinder über das Raum-Zeit-Kontinuum und Lichtgeschwindigkeit. Dinge, um durch Zeitfenster zu reisen, wenn es gilt, im Jahr 1701 Johann Friedrich Böttger bei der Erfindung des Porzellans zu helfen oder im 19. Jahrhundert Carl Zeiss zu treffen, um das Ersatzteil für ein altes Mikroskop zu besorgen. Oder warum nicht einmal in die Zeit der Saurier reisen und den Tyrannosaurus ›live‹ fotografieren? Das könnte das Foto des Jahrhunderts werden.

Fiktion trifft Realität
(ab Klassenstufe 7)

Das fachübergreifende Literaturprogramm verspricht eine ausgefallene Sichtweise, Lernstoffe miteinander zu verbinden.

Zum einen lernen die Schüler*innen etwas über die Arbeitsweise eines Autors:
- Wie setzt sich der Autor mit realen Themen auseinander?
- Wie werden Themen literarisch umgesetzt?
- Was macht eine Geschichte spannend?

Dabei werden fiktive Geschichten erzählt.

Auf der anderen Seite wird durch einen Vertreter der Präventionsabteilung der Polizei der Unterschied zwischen Realität und fiktiver Geschichte dargelegt:
- Was machen Konflikte mit uns im täglichen Leben?
- Wodurch kommt es zur Gewalt, Alkoholabhängigkeit oder Drogensucht?
- Anhand realer Beispiele werden die Schüler sensibilisiert.

Krimiautoren zu Gast
(ab Klassenstufe 8)

Bekannte Krimiautoren stellen spannende und zugleich humorvolle Kurzgeschichten vor, die in den Deutschlehrplan der Klassenstufe 8 passen. Im Dialog wird herausgearbeitet:

- Was veranlasst einen Autor zum Schreiben?
- Wie werden Themen gefunden?
- Wie erfolgt die Aufarbeitung?
- Wie geht ein Autor bei der Gestaltung seiner Geschichten vor?
- Welche Umstände sind zu beachten (aktuelles Geschehen, Zielgruppe, Markt)?
- Was passiert nach dem Schreiben mit dem Manuskript (Regeln für das Überarbeiten, Beteiligung Dritter)?

Die Schüler*innen erfahren etwas über verschiedene schriftstellerische Ansätze und individuelle Arbeitsweisen. Dabei entdecken Sie den Bezug zum eigenen Arbeiten an Texten.

1989 - Die Wende
(Klassenstufe 8)

Obwohl nicht alle in der ersten Reihe standen, als es hieß ‚Wir sind das Volk', war letztendlich jeder von den Ereignissen der Wendezeit betroffen. Millionen Menschen, das sind gleichzeitig Millionen Schicksale, manche traurig, viele voller Freude. Wir erzählen, wie es wirklich war und unterstützen die Augenzeugenberichte mit Bildmaterial.

Die Lesung individualisiert den Unterrichtsstoff, in dem dieses bedeutungsvolle Thema behandelt wird. Im Ergebnis erkennen die Schüler*innen, dass sie ihr Leben selbst in die Hand nehmen müssen und jeder etwas zu Veränderungen beitragen kann.

Eine kleine Programmauswahl für Erwachsene von FürWort

Kurzkrimis am laufenden Band

Ob Ehedrama, Rachepläne oder ein kleiner Mord für zwischendurch – die Kurzkrimis sind immer auf bitterböse Pointen ausgerichtet. Heimtückische Verbrechen, mysteriöse Orte, clevere Täter und bodenlose Abgründe erwarten den Besucher und werden ihm wohlige Schauer über den Rücken jagen oder ein Schmunzeln entlocken. Verbrechen kann auch komisch sein – es ist alles eine Frage des richtigen Motivs.

Und keine Bange – die Autoren morden natürlich nur rein fiktiv.

Ein Quentchen Mord zwischen Fiktion und Wirklichkeit

Wahre Fälle aus der Umgebung treffen auf erdachte Verbrechen. Sachsen ist ein schönes Land, aber auch hier wurde und wird gemordet. Das Programm bietet einen Streifzug durch die Vergangenheit bis zur Gegenwart und lässt manchen Besucher staunen: Ach, so war also?

Streifzug durch die Geschichte

Nehmen Sie beispielsweise das Mittelalter. Finster – so soll es gewesen sein. Tatsächlich hat sich zur Zeit der Salier vor unserer Haustür so einiges abgespielt.

Oder das 19. Jahrhundert. Oder das 20. Jahrhundert. Auch darüber gibt es eine Menge zu berichten, wenn die unterschiedlichsten Protagonisten ermitteln. Vom Reporter bis zum Kommissar – die Bandbreite ist groß.

Sherlock Holmes gibt sich die Ehre

Nur wenige Menschen wissen, dass der berühmte britische Detektiv Sherlock Holmes & sein Partner Dr. Watson auch in unserer Gegend äußerst erfolgreich auf Verbrecherjagd gegangen sind.

Erleben Sie einen Abend mit aufregenden Geschichten rund um das Meisterduo.

Das Programm bietet einen Auszug aus neuen Fällen, gewürzt mit Hintergrundinformationen und wissenswerten Fakten.

Wir verarzten Sie auch vor Ort

Wir lesen – Sie lachen.
Wir lesen – Sie gruseln sich.
Wir lesen und liefern Ihnen ein Phantombild:
Ihr persönliches Blutbild!

Das Programm bietet Abwechslung ohne
Grenzen. Es lesen mehrere Autoren und
stellen ihre Geschichten vor.

Ralf Alex Fichtner - ein preisgekrönter
Zeichner – fertigt parallel dazu Karikaturen
der Besucher an. Mit (Kunst-) Blut. Die Gäste
gehen dadurch nicht nur mit Stories im
Kopf nach Hause, sondern auch mit einem
unverwechselbaren Bild der eigenen Person.

Typisch Sachsen

Typisch Sachsen – gibt es so etwas
überhaupt? Natürlich!

Was ist eigentlich das berühmte Leipziger
Allerlei? Was hat es mit einem Messemännel
auf sich? Und können Sie sich noch an
‚Privat geht vor Katastrophe' erinnern?

Auf amüsante Weise werden typische
Eigenschaften der Sachsen präsentiert und
mit Geschichten in sächsischer Mundart
ergänzt.

Grusel, grusel

Sie wollen sich gruseln?
Sie stehen auf Horrorgeschichten?

Erleben Sie die morbide Seite des menschlichen Lebens. Manchmal wird Ihnen ein
Schauer über die Haut laufen, manchmal tau-
chen Sie in weniger dunkle Stories ein.

Nur eines ist gewiss: Sie gruseln sich. Unaus-
weichlich.